Dirk Fröhlich

Entwurf, Entwicklung und Implementierung eines datenb
onssystems zur Unterstützung des Benchmarking-Prozess
Industrie

Bibliografische Information der Deutschen Nationalbibliothek:

Bibliografische Information der Deutschen Nationalbibliothek: Die Deutsche
Bibliothek verzeichnet diese Publikation in der Deutschen Nationalbibliografie;
detaillierte bibliografische Daten sind im Internet über http://dnb.d-nb.de/ abrufbar.

Copyright © 1997 Diplomica Verlag GmbH
Druck und Bindung: Books on Demand GmbH, Norderstedt Germany
ISBN: 9783838603902

http://www.diplom.de/e-book/216368/entwurf-entwicklung-und-implementierung-
eines-datenbankbasierten-informationssystems

Dirk Fröhlich

Entwurf, Entwicklung und Implementierung eines datenbankbasierten Informationssystems zur Unterstützung des Benchmarking-Prozesses in der keramischen Industrie

Diplom.de

Dirk Fröhlich

Entwurf, Entwicklung und Implementierung eines datenbank- basierten Informationssystems zur Unterstützung des Benchmarking- Prozesses in der keramischen Industrie

Diplomarbeit
an der Universität des Saarlandes
Januar 1997 Abgabe

Diplomarbeiten Agentur
Dipl. Kfm. Dipl. Hdl. Björn Bedey
Dipl. Wi.-Ing. Martin Haschke
und Guido Meyer GbR

Hermannstal 119 k
22119 Hamburg

agentur@diplom.de
www.diplom.de

ID 390

ID 390
Fröhlich, Dirk: Entwurf, Entwicklung und Implementierung eines datenbankbasierten Informationssystems zur Unterstützung des Benchmarking-Prozesses in der keramischen Industrie / Dirk Fröhlich - Hamburg: Diplomarbeiten Agentur, 1997
Zugl.: Saarbrücken, Universität, Diplom, 1997

Dipl. Kfm. Dipl. Hdl. Björn Bedey, Dipl. Wi.-Ing. Martin Haschke & Guido Meyer GbR
Diplomarbeiten Agentur, http://www.diplom.de, Hamburg
Printed in Germany

Diplomarbeiten Agentur

Wissensquellen gewinnbringend nutzen

Qualität, Praxisrelevanz und Aktualität zeichnen unsere Studien aus. Wir bieten Ihnen im Auftrag unserer Autorinnen und Autoren Wirtschafts-studien und wissenschaftliche Abschlussarbeiten – Dissertationen, Diplomarbeiten, Magisterarbeiten, Staatsexamensarbeiten und Studien-arbeiten zum Kauf. Sie wurden an deutschen Universitäten, Fachhoch-schulen, Akademien oder vergleichbaren Institutionen der Europäischen Union geschrieben. Der Notendurchschnitt liegt bei 1,5.

Wettbewerbsvorteile verschaffen – Vergleichen Sie den Preis unserer Studien mit den Honoraren externer Berater. Um dieses Wissen selbst zusammenzutragen, müssten Sie viel Zeit und Geld aufbringen.

http://www.diplom.de bietet Ihnen unser vollständiges Lieferprogramm mit mehreren tausend Studien im Internet. Neben dem Online-Katalog und der Online-Suchmaschine für Ihre Recherche steht Ihnen auch eine Online-Bestellfunktion zur Verfügung. Inhaltliche Zusammenfassungen und Inhaltsverzeichnisse zu jeder Studie sind im Internet einsehbar.

Individueller Service – Gerne senden wir Ihnen auch unseren Papier-katalog zu. Bitte fordern Sie Ihr individuelles Exemplar bei uns an. Für Fragen, Anregungen und individuelle Anfragen stehen wir Ihnen gerne zur Verfügung. Wir freuen uns auf eine gute Zusammenarbeit

Ihr Team der *Diplomarbeiten* Agentur

Dipl. Kfm. Dipl. Hdl. Björn Bedey –
Dipl. Wi.-Ing. Martin Haschke ──
und Guido Meyer GbR ──────

Hermannstal 119 k ───────
22119 Hamburg ────────

Fon: 040 / 655 99 20 ──────
Fax: 040 / 655 99 222 ──────

agentur@diplom.de ────────
www.diplom.de ───────

"Ich weiß nicht, ob es besser wird, wenn es anders wird. Aber eins weiß ich gewiß, daß es anders werden muß, um besser werden zu können."

Lichtenbergsche Aphorismus

INHALTSVERZEICHNIS

VORWORT

Die vorliegende Diplomarbeit wurde in der Abteilung Controlling des Unternehmensbereich Fliesen, Villeroy & Boch AG, erstellt. Unter Berücksichtigung der firmenspezifischen Rahmenbedingungen wurde ein Benchmarking-Prozeß erstellt.

Damit in Zukunft bei Villeroy & Boch strukturierteres, effizienteres und kontinuierliches Benchmarking stattfinden kann, wurde eine Benchmarking-Datenbank zur schnellen Recherche, eine Checkliste für Firmenbesuche und ein Formular-Satz zur Umsetzung des Benchmarking bei Villeroy & Boch entwickelt.

In Anhang D ist das Anwenderhandbuch zur Benchmarking-Datenbank abgebildet. Dieses Handbuch dient den Mitarbeitern von Villeroy & Boch als benutzerorientierte Einführung.

Ich danke dem Unternehmen Villeroy & Boch, das mir die Anfertigung dieser Arbeit ermöglichte. Des weiteren danke ich allen Mitarbeitern der Abteilung Controlling des Unternehmensbereich Fliesen für ihre tatkräftige Unterstützung. Meinen besonderen Dank richte ich an Herrn Stefan Kuhn, Leiter Controlling, Unternehmensbereich Fliesen, der die unternehmensinterne Betreuung übernahm. Bei Herrn Prof. Dr. Günter Schmidt und Herrn Dipl. Inform. Jörg Winckler möchte ich mich für die wissenschaftliche Betreuung recht herzlich bedanken.

Menningen, im Dezember 1996

Dirk Fröhlich

ABKÜRZUNGSVERZEICHNIS

Abb.	-	Abbildung
AG	-	Aktiengesellschaft
APQC	-	American Productivity & Quality Center
ARIS	-	Architektur integrierter Informationssysteme
BM	-	Benchmarking
bzw.	-	beziehungsweise
°C	-	Grad Celsius
ca.	-	circa
CIMOSA	-	Computer Integrated Manufacturing Open Systems Architecture
d.h.	-	das heißt
DB	-	Datenbank
DV	-	Datenverarbeitung
EG	-	Erzeugnisgruppe
FWS	-	Fliesenwerke Saar (Mettlach und Merzig)
GAN	-	Generalized Activity Nets
GL51	-	Glasierlinie 51
GPN	-	Generalized Process Nets
HMV	-	Alföldi
LBG	-	Lübeck-Dänischburg
LUG	-	Lugoj (Rumänien)
m²	-	Quadratmeter
min	-	Minuten
MS	-	Microsoft
MS	-	Mindersortierung
o.a.	-	oben angeführte
o.g.	-	oben genannte
OLE	-	Object Linking and Embedding

PR51	-	Presse 51
SAP		Systeme, Anwendungen, Produkte in der EDV
SO51	-	Sortierlinie 51
Tab.	-	Tabelle
u.a.	-	unter anderem
u.ä.	-	und ähnliches
UB	-	Unternehmensbereich
USA	-	United States of America
V&B	-	Villeroy & Boch
z.B.	-	zum Beispiel
z.T.	-	zum Teil

TABELLENVERZEICHNIS

ABBILDUNGSVERZEICHNIS

1 Einleitung

Der Begriff des Benchmarking findet in jüngster Zeit in Theorie und Praxis vermehrt Anwendung. Es handelt sich dabei nicht um ein Modewort, sondern bildet heute bei namhaften Unternehmen einen festen Bestandteil des Managements. Benchmarking ist als ein kontinuierlicher, systematischer Prozeß zu verstehen, mit dem die eigene Produktivität, Effektivität und Qualität verbessert werden soll, indem man Vergleiche mit exzellenten Firmen durchführt. Ziel ist die Freisetzung von Ressourcen und somit die Schaffung von Wettbewerbsvorteilen.

Der Unternehmensbereich Fliesen beschäftigt sich seit ca. drei Jahren mit Benchmarking. Diese Diplomarbeit soll dabei helfen, Benchmarking bei Villeroy & Boch zu etablieren. Um dies zu erreichen, müssen jedoch zuerst die Rahmenbedingungen geschaffen werden. Dies ist das Hauptziel dieser Arbeit.

Das zweite Kapitel umfaßt die thematischen Grundlagen. Hier stelle ich das Unternehmen Villeroy & Boch kurz vor. Des weiteren werden die Begriffe Informationsmanagement, Controlling und Datenbanken erläutert. Eine Methode zur Prozeßmodellierung ist ebenso Bestandteil dieses Kapitels wie eine wissenschaftliche Einführung in das Benchmarking.

Im dritten Kapitel erläutere ich die notwendigen Vorarbeiten für systematisches und kontinuierliches Benchmarking bei Villeroy & Boch. Die Fliesenproduktion von V&B wird hier genau analysiert und modelliert. Darauf aufbauend folgt eine Checkliste für Firmenbesuche. Ziel dieser Analyse und Hauptbestandteil dieses Kapitels ist der Entwurf, Entwicklung und Implementierung der Benchmarking-Datenbank. Im Anhang findet man das Anwendungshandbuch zu dieser Datenbank. Mit den gewonnenen Daten aus dieser neu geschaffenen Datenbank habe ich ein Beispiel zur Analyse und Beurteilung des Datenmaterials und zur anschließenden Umsetzung bei V&B entwickelt.

Das vierte Kapitel beinhaltet Benchmarking als kontinuierliche Methode bei Villeroy & Boch. Ich erläutere hier die Organisationsform des Unternehmensbereich Fliesen und das bisherige Benchmarking in diesem Unternehmensbereich. Darüberhinaus stelle ich ein Modell zur Umsetzung von Benchmarking im Unternehmensbereich Fliesen vor. Hierzu bedarf es auch einer organisierten Informationsweiterleitung, damit die Benchmarking-Datenbank ständig gepflegt und erweitert werden kann.

Abschließend stelle ich im fünften Kapitel die erreichten Ziele im Hinblick auf Benchmarking bei Villeroy & Boch dar.

2   Thematische Grundlagen

2.1   Unternehmensportrait Villeroy & Boch

2.1.1   Geschichtlicher Überblick

Das Unternehmen Villeroy & Boch kann auf eine fast 250-jährige Geschichte zurückblicken. Die Ursprünge datieren aus dem Jahre 1748, in dem die unternehmerische Tätigkeit mit der Herstellung von Geschirr begann. Später vergrößerten sich die Aktivitäten um die Fliesen- und Sanitärfertigung. Heute ist Villeroy & Boch mit seinen drei Sparten Fliesen, Sanitär und Tischkultur der größte europäische Anbieter in der keramischen Industrie.

Im Jahre 1748 errichtete François Boch (1695-1754) auf seinem Anwesen im lothringischen Dorf Audun-le-Tiche eine Töpferei und produzierte Verbrauchsgeschirr.

In Mettlach an der Saar erwirbt Jean- François Boch 1809 eine Benediktinerabtei, die bis heute Sitz der Hauptverwaltung des Unternehmens ist.

Jean-François Boch und Nicolas Villeroy schließen 1836 ihre drei Manufakturen Audun-le-Tiche, Septfontaines und Wallerfangen zu der Firmengruppe Villeroy & Boch zusammen. Sieben Jahre später gründen Villeroy & Boch in Wadgassen eine Cristallerie, das erste gemeinsame Werk.

Die "Mosaikfabrik" wird in Mettlach im Jahre 1869 erbaut. Das neue Werk übernimmt die Produktion der Mosaiksteinchen, die vorher bereits in der Faiencerie hergestellt wurden. Hier entwickelte sich die größte Fliesenfabrik des Unternehmens.

1987 ändert das Unternehmen Villeroy & Boch seine Gesellschaftsform. Aus der Kommanditgesellschaft entsteht eine Aktiengesellschaft. Mit dem Gang an die Börse im Jahre 1990 vollzog Villeroy & Boch den Schritt von der geschlossenen Familiengesellschaft in eine offene Kapitalgesellschaft.

In der Mosaikfabrik Mettlach entsteht im Auftrag des saudi-arabischen Königshauses 1993 das größte Fliesenbild der Welt. Seine Abmaße betragen 158 Meter Länge und 7,20 Meter Höhe [V&B91].

2.1.2 Die Struktur des Unternehmens

In Abbildung 1 ist die Struktur des Villeroy & Boch Konzerns dargestellt [V&B95].

Unternehmensbereich Fliesen	Unternehmensbereich Sanitär und Badausstattung	Unternehmensbereich Tischkultur

Die Produktionsstätten der Aktiengesellschaft

Fliesenwerke Saar Mettlach und Merzig	Sanitärfabrik Mettlach	Faiencerie Mettlach
Lübeck - Dänischburg	Lübeck - Dänischburg	Faiencerie Werk II Merzig
		Cristallerie Wadgassen
		Faiencerie Torgau (D)

Die Produktionsstätten des übrigen Konzerns

La Ferté - Gaucher (F)	Bamberger Dautphetal (D)	Heinrich Porzellan Selb (D)
Oiry (F)	La Ferté - Gaucher (F)	Faiencerie de Longchamps Genlis (F)
Alföldi Porcelángyár Hódmezövásárhely (H)	Valence d'Agen (F)	Faiencerie Luxemburg (L)
	Alföldi Porcelángyár Hódmezövásárhely (H)	Koch & Bergfeld Bremen (D)
	Bowic Roden (NL)	
	Ucosan Roden (NL)	
	db Das Bad Plainfeld (A)	

Die Rohstoffgewinnung

5	Grubenbetriebe in Deutschland, Frankreich und der Tschechischen Republik

Die Vertriebsorganisation

52	eigene Niederlassungen in Deutschland
108	eigene Niederlassungen in 16 weiteren wichtigen Ländern
121	Vertretungen in sonstigen Ländern

Abb. 1: *Struktur des Villeroy & Boch Konzerns*

2.1.3   Das Geschäftsjahr 1995

Im Geschäftsjahr 1995 mußten in Deutschland und in Frankreich aufgrund der verschlechterten konjunkterellen Rahmenbedingungen deutliche Umsatzrückgänge hingenommen werden. So verminderte sich im Konzern der Umsatz gegenüber dem Vorjahr um 6,3 % auf 1482,8 Millionen DM und bei der Villeroy & Boch AG um 5,2 % auf 951,5 Millionen DM [V&B95].

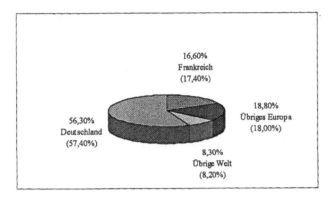

Abb. 2:   *Konzernumsatz 1995 [V&B95]*
Aufteilung nach Absatzgebieten
Vorjahreszahlen in Klammern

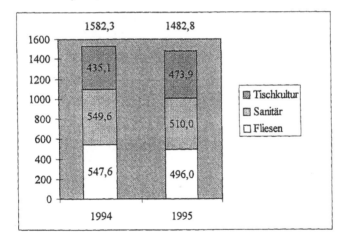

Abb. 3:   *Konzernumsatz 1994/1995 [V&B95]*
Verteilung nach Unternehmensbereichen

2.1.4   Der Unternehmensbereich Fliesen

Im Jahr 1995 mußte der Villeroy & Boch Konzern einen erheblichen Umsatzrückgang verzeichnen. Der schon seit Jahren notleidende Unternehmensbereich Fliesen war daran mit einem Umsatzrückgang von 9,8 % gegenüber dem Vorjahr erheblich beteiligt. Als Gründe können die schwache Konjunktur im Baubereich, verschärfter Preiswettbewerb und Sortimentsbereinigungen bei Villeroy & Boch aufgeführt werden.

Die Unternehmensleitung von Villeroy & Boch beabsichtigt durch Modernisierung, Spezialisierung und Standardisierung der eigenen Fliesenwerke wieder Wettbewerbsfähigkeit zu erlangen. Oberstes Ziel ist und bleibt die Verbesserung der Rentabilität des Fliesensektors.

Die Kernpunkte des beschlossenen Maßnahmenkataloges sind die Rationalisierung der Fertigung und Organisation, die Modernisierung der Produktion und die Spezialisierung der Werke auf bestimmte Produktgruppen. Durch diese Maßnahmen, vor allem die Spezialisierung auf Produktgruppen, sollen die deutschen Standorte Fliesenwerke Saar (Mettlach und Merzig) und Lübeck-Dänischburg erhalten werden. Zur Verwirklichung steht dort ein Investitionsprogramm von 32 Mio. DM zur Verfügung.

Ab dem Jahr 1997 konzentrieren sich dann die Fliesenwerke Saar auf die Produktion von glasierten Bodenfliesen (Steinzeug). In Merzig wird daher eine neue, hochmoderne Fertigungsstraße errichtet, für die Investitionsmittel von 25 Mio. DM vorgesehen sind. Mit der Produktionsumstellung ist eine weitere Reduzierung des Belegschaftsstandes um 80 Mitarbeiter auf dann 500 Mitarbeiter in den Fliesenwerken Saar vorgesehen.

2.1.5   Der Produktionsablauf in der Mosaikfabrik (Mettlach)

Keramische Fliesen werden aus natürlichen und mineralischen Rohstoffen hergestellt.

Die Rohstoffe lassen sich in die sogenannten Hart- und Weichstoffe unterteilen. Feldspat und Quarz gehören zu den Hartstoffen, Kaolin und Ton zu den Weichstoffen.

Die Weichstoffe (Kaolin und Ton) werden in Rührwerken unter Zufuhr von Wasser aufgeschlämmt. Die Hartstoffe (Feldspat und Quarz) müssen vor der Verarbeitung unter Zugabe von Wasser gemahlen, gesiebt und enteist (d.h. Eisenreste werden per Magnet entfernt) werden. Beide Stoffe werden nun intensiv gemischt. Die so entstandene Schlickermasse wird in einem Sprühturm mit Hilfe einer schnell rotierenden Düse sehr fein versprüht. Bei einer Temperatur von ca. 580 °C verdunsten die Wassertröpfen, so daß sich eine Masse bildet. Diese Masse muß eine Restfeuchte von 6 % besitzen.

Die Masse wird nun mit Hilfe hydraulischer Hochdruckpressen zu Fliesenrohlingen gewünschter Formatgröße gepreßt. Anschließend werden die Scherben (Fliesenrohlinge) in den nachfolgenden Trockner befördert.

Die Glasur wird in einem besonderen Fertigungsgang aus Quarz, Feldspat, Kreide, Kaolin und verschiedenen anderen Stoffen hergestellt. Die produzierten Fliesen werden auf einer "Glasierstraße" mit der gewünschten Glasur versehen.

Die Fliesen gelangen nun in Öfen, in denen sie im ersten Drittel der ca. 80 m langen Ofenstrecke langsam erwärmt werden. Im zweiten Abschnitt werden die Fliesen dann auf ca. 1150 °C erhitzt und im letzten Ofenabschnitt kühlen die Fliesen dann wieder langsam ab.

Die nun abgekühlten Fliesen werden nach den Qualitätsstufen 1. Sortierung und Mindersortierung getrennt und verpackt.

Sind die Fliesen mit einem besonderen Dekor zu versehen, so werden sie zur sogenannten "Dekananlage" transportiert. Dort werden Dekore in Form von Abziehbildern, Mehrfachdrucken oder auch Golddekoren maschinell und manuell aufgetragen. Nach der Weiterveredelung in der Dekananlage wird die Fliese nochmals gebrannt, damit das Dekor mit der Glasur versiegelt wird.

Um das Verlegen von kleinformatigen Fliesen (5x5, 10x10) wesentlich zu erleichtern, werden diese zu Tafeln mit exaktem Fugenschnitt zusammengefügt und auf Netzpapier geklebt.

Die in Pappkartons verpackten Fliesen werden entweder in Hochregallagern gestapelt oder sofort zum Versand gebracht.

Um die vorgegebenen strengen Qualitätsmaßstäbe von Villeroy & Boch zu gewährleisten, wird der gesamte Fertigungsablauf von ständigen Produkt- und Produktionskontrollen begleitet.

Lager / Versand	
Sortieren /Verpacken	
Brennen	
Glasieren der gepreßten, rohen Fliese	
Formgebung	
Masse (durch Sprühen)	
Mischen der Hart- und Weichstoffe	
Mahlen	Aufschlämmen
Feldspat/ Quarz	Kaolin / Ton
Hartstoffe	Weichstoffe
Rohstoffe	

Abb. 4: *Fliesenproduktionsablauf*

2.2 Allgemeine betriebswirtschaftliche und technische Grundlagen

2.2.1 Informationsmanagement

Der Begriff Informationsmanagement ist eine Verkürzung des in den USA entstandenen Begriffs „Information Resource Management" [Hor85]. Informationen können somit auch als Produktionsfaktoren (Resource) betrachtet werden. Wie die Produktionsfaktoren Arbeit, Boden und Kapital können die Informationen beplant, beschafft und ihr Einsatz wirtschaftlich gesteuert werden [Sch94].

Schmidt definiert Informationsmanagement wie folgt: „Informationsmanagement ist die Disziplin, die sich mit Entwurf, Entwicklung und Einsatz von Informations- und Kommunikationssystemen zur Erreichung der Unternehmensziele beschäftigt. Die Aufgaben des Informationsmanagements bestehen in der Planung, Steuerung und Überwachung des Informationswesens auf strategischer, taktischer und operativer Ebene" [Sch96a].

Eine weitere Definition liefern Heinrich/ Burgholzer. Diese bezeichnen die Summe aller Maßnahmen, die zur Beherrschung des Produktionsfaktors Information führen, als Informationsmanagement.

Wie in Abb. 5 zu sehen ist, teilen Heinrich / Burgholzer Informationsmanagement in zwei Bereiche auf: Informationstechnologie- und Informationsressourcen-Management. Dabei versteht man unter Informationstechnologie-Management die Gestaltung und Implementierung der informations- und kommunikationstechnischen Infrastrukturen. Informationsressourcen-Management ist dagegen die Entwicklung der Informationsfähigkeit innerhalb der Organisation bezüglich Herkunft, Inhalten, Aufbereitungs- bzw. Darbietungsformen von Informationen [HB92].

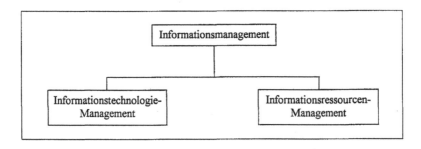

Abb. 5: *Informationsmanagement*

Trotz vielfältiger Interpretationen des Begriffs Informationsmanagement können als wesentliche Aufgaben die strategische Gestaltung der technischen Komponente des Informationssystems, die Entwicklung von Anwendungssystemen und die wirtschaftliche Betreibung des Informationssystems angesehen werden.

Eine interessante Beziehung besteht zwischen Controlling und Informationsmanagement. Hierbei ist festzustellen, daß beide Disziplinen koordinierende Funktionen für die operativen Anwendungen besitzen. Das Informationsmanagement verfügt über eine eher unterstützende Funktion im Hinblick auf die Anwendungen. Im Gegensatz hierzu kann das Controlling eher als Dirigent angesehen werden [BGR94]. Eine enge Beziehung zwischen Controlling und Informationsmanagement besteht insoweit, daß das Controlling das Informationsmanagement zur Unterstützung seiner Informations- und Koordinationsfunktion benötigt. Das Informationsmanagement wiederum benötigt zur wirtschaftlichen Steuerung eine Controllingfunktion.

2.2.2 Prozeßmodellierung mit Hilfe von GPN

Im Jahre 1964 hat Elmaghraby die Prozeßmodellerierungsmethode Generalized Activity Nets (GAN) entwickelt [Elm64]. Schmidt erweiterte GAN später zu Generalized Process Nets.

In GAN besitzt jedes Ereignis einen Eingang und einen Ausgang. Folgende Möglichkeiten sind als Eingänge und Ausgänge definiert [Sch96b].

Bei AND wird sich ein Ereignis ereignen, wenn alle Tätigkeiten, die vor diesem Ereignis liegen, bearbeitet sind.

Ein Ereignis, das sich ereignet, wenn zumindest eine Tätigkeit, die vor diesem Ereignis liegt, bearbeitet ist, heißt Inclusive-or.

XOR bezeichnet ein Ereignis, das sich ereignen wird, wenn eine oder mehr als eine Tätigkeit, die vor diesem Ereignis liegen, bearbeitet sind.

Alle Tätigkeiten, die durch ein Ereignis gesteuert werden, müssen bearbeitet werden (Must follow).

Eine Tätigkeit, die durch ein Ereignis gesteuert wird, kann bearbeitet werden, wobei eine vorgegebene Wahrscheinlichkeit in Betracht gezogen wird (May follow).

Daraus erhalten wir sechs Ereignisse, die in Abb. 6 dargestellt sind.

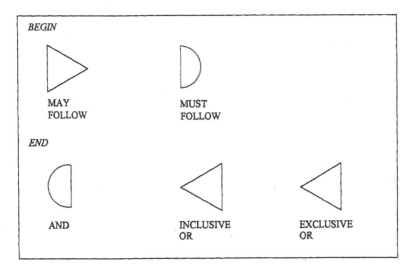

Abb. 6: *GAN-Ereignisse* [Sch96b]

Die Hauptaufgabe dieser Art von Activity Net liegt darin, Antworten zu finden, auf welche Weise die Allokation der Zeit, der Kosten und der Ressourcen erfolgen soll. Daten, funktionale und organisatorische Aspekte der Informationsprozesse sind noch nicht im Detail betrachtet worden. Deshalb wurde das Augenmerk auf diese Netze gerichtet, um Geschäftsprozesse zu modellieren. Schmidt benannte diese Netze Generalized Process Nets (GPN). GPN ist als Basismodellierungssprache nützlich für die Analysephase innerhalb der Architektur LISA.

Die Architektur LISA dient der Modellierung integrierter Informations- und Kommunikationssysteme. In anderen Architekturen wie z.B. ARIS, CIMOSA etc. lassen sich einige ihrer Aspekte wiederfinden. Das wesentliche Charakteristikum von LISA liegt in der Trennung von Problembeschreibung und Problemlösung bei der Modellierung von Unternehmensprozessen bzw. zu implementierenden Informations- und Kommunikationssystemen.

LISA basiert auf Modellen und definiert vier Sichten. Die erste Sicht beschreibt die Detaillierung der Modelle, die zweite die Modellelemente, die dritte die Schritte der Modellrealisierung und die vierte den Modellzweck. Bei der Detaillierung kann man zwischen Referenz-, Unternehmens- und Anwendungsmodellen unterscheiden. Die Elemente gliedern sich in Daten-, Funktions- und Kommunikationsmodelle und die Realisierung besteht aus Fachentwurf, DV-Entwurf und Implementierung.

Zu diesen drei Sichten gehört eine zusätzliche Sicht, der Modellzweck. Hier unterscheidet Schmidt zwischen Problembeschreibung und Problemlösung [Sch96a].

Ein GPN setzt sich aus sechs Schichten zusammen und verwendet als erste Schicht dieselbe Struktur der Knoten und Kanten wie GAN. Die zweite Schicht ist der funktionalen Spezifikation, die dritte Schicht den Ereignissen, die vierte den Daten, die fünfte den physikalischen Ressourcen und Produkten gewidmet. Die sechste Schicht betrachtet eine Tätigkeit von einem organisatorischen Gesichtspunkt aus. In Abb. 7 sind diese Schichten grafisch dargestellt.

| Organisation |
| Ressourcen, Produkte |
| Daten |
| Ereignisse |
| Funktionen |
| Knoten, Pfeile |

Abb. 7: *Schichten von GPN* [Sch96b]

Knoten und Kanten beziehen sich auf Ereignisse und Tätigkeiten. Schmidt unterscheidet dabei noch zwischen Ereignissen, die Tätigkeiten starten und beenden. Diese sind
- die Präbedingungen, welche vor dem Start erfüllt sein müssen und
- die Postbedingungen, welche am Ende erfüllt sein müssen.

Jede Tätigkeit ist etikettiert mit:
- dem Namen, der die Funktion, Prozedur oder Algorithmus repräsentiert und zusätzliche Attribute wie Prozeßzeit, Kosten, etc. einschließt,
- der Organisationseinheit, welche verantwortlich für das Ausführen der Tätigkeit ist,
- den physikalischen Ressourcen, die von der Tätigkeit benötigt werden,
- dem erzeugten Produkt bei dieser Tätigkeit,
- den benötigten Daten, und
- den geschaffenen Daten.

Die Tätigkeiten werden entweder von Menschen, Maschinen, Software oder einer Kombination von allem Angeführten ausgeführt. In Abb. 8 sind die unterschiedlichen Etiketten für Ereignisse und Tätigkeiten mit MUST FOLLOW and AND-Knoten dargestellt.

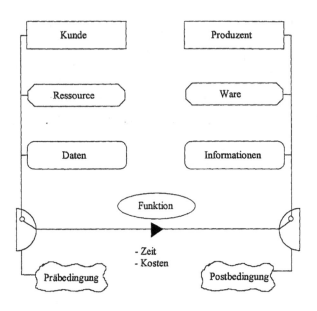

Abb. 8: *GPN* [Sch96b]

2.2.3   Das Controlling

„Controlling ist die Bereitstellung von Methoden (Techniken, Instrumenten, Modellen, Denkmuster u.ä.) und Informationen für arbeitsteilig ablaufende Planungs- und Kontrollprozesse sowie die funktionsübergreifende Unterstützung und Koordination solcher Prozesse" [Zie93]. Diese Definition ist ein Versuch, den Begriff Controlling zu definieren. Eine weitere Defintion liefert Küpper, der das Hauptaugenmerk auf die Koordinationsfunktion legt.

„Die vom externen Rechnungswesen und der Kosten- und Leistungsrechnung bereitgestellten Informationen sind wesentliche Grundlage für das Controlling und für Führungsinformationssysteme. Wesentliche Eigenschaft des Controllings ist seine Koordinationsfunktion. Generell obliegt dem Controlling die Koordination der Planung und Kontrolle der betrieblichen Teilbereiche zur Erreichung der Unternehmensziele" [Küp92].

In der Literatur findet man mehrere Begriffsdefinitionen. Diese unterscheiden sich durch die verschiedenartige Anschauungssicht und Bewertung der einzelnen Gesichtspunkte. Bisher ist eine einheitliche Begriffsdefinition noch nicht gelungen, obwohl man versucht, Controlling über entsprechende Aufgaben- und Funktionskataloge zu beschreiben.

Das Wort Controlling stammt aus dem angelsächsischen Raum und ist von dem Wort „to control" abgeleitet worden. Das Wort „to control" verfügt über mehr als 50 verschiedene Ausprägungen. Es kann z.B. mit beherrschen, leiten, steuern, überwachen, etc. übersetzt werden. Der Begriff Controlling als Bezeichnung eines Unternehmensbereiches tauchte zum ersten Mal in den USA auf. In Deutschland existieren seit den 60er Jahren erste Controllingabteilungen.

Wesentliche Aufgabengebiete des Controllings sind die

- Planungsaufgabe
- Informations- und Berichtsaufgabe
- Steuerungs- und Kontrollaufgabe.

Darüberhinaus ist Controlling ein Instrument der Unternehmensführung, das die Voraussetzungen für die (verbesserte) Sollerfüllung durch vernetztes systematisches Problemlösungsverhalten darstellt. Durch Anleitung der anderen Bereiche versetzt das Controlling diese in die Lage, ihre Probleme der Planung, Kontrolle und Information einer bestmöglichen Lösung zuzuführen. Die Funktion des Controlling ist durch die Kriterien Engpaßorientierung, Zukunftsausrichtung und Feed-forward-Denken charakterisiert [BGR94].

Betrachtet man Controlling unter dem zeitlichen Gesichtpunkt, so kann man zwischen strategischem und operativem Controlling unterscheiden.

Mit Hilfe des operativen Controlling wird der kurzfristige Unternehmenserfolg gesichert. Im Mittelpunkt stehen die Kosten und Erträge. Die Aufgabe des operativen Controlling umfaßt die Erfolgssteuerung und die Verarbeitung der festgelegten Strategien in konkrete Maßnahmen. Die operative Planung (Budgetierung), die operative Kontrolle (ex-post-Analyse) und die operativen Informationen (internes Berichtswesen) bilden das Instrumentarium zur Erfolgskontrolle beim operativen Controlling. Mit Hilfe dieser Instrumente sollen operative Engpässe im Beschaffungs-, Fertigungs-, Absatz- und Verwaltungsbereich frühzeitig erkannt und beseitigt werden.

Das strategische Controlling betrachtet das Unternehmen aus langfristiger Sicht. Es arbeitet entsprechend seiner Potentialsorientierung mit den Instrumenten der strategischen Planung sowie der Frühwarnung im Sinne einer ex-ante-Kontrolle von Strategien. Hauptaufgabe des strategischen Controlling ist die langfristige Existenzsicherung. Dabei müssen möglichst viele im Umfeld des Unternehmens wirksame Faktoren und Ereignisse in ihren Auswirkungen auf die zukünftige Unternehmensentwicklung berücksichtigt werden. Eine Übersicht über die Controlling-Tätigkeiten, die je nach Größe des Unternehmens unterschiedlich sind, zeigt Abb. 9.

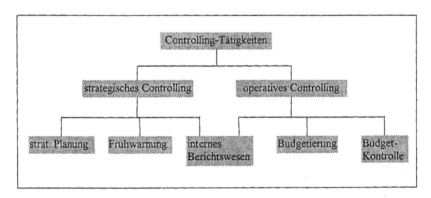

Abb. 9: *Controlling-Tätigkeiten* [BGR94]

Das Controlling ist heute immer noch geprägt vom rein internen Denken. Dieses Bild des Controllers verändert sich zu dem, was es im pragmatischen Sinn sein sollte: Der Controller sollte über die betrachtete Periode hinausschauen, Seismograph des Unternehmens und das

Alter ego des Top-Managements werden. Er wird dabei Coach, Architekt und Katalysator zugleich. Immer wichtiger wird dabei der Faktor Teamfähigkeit.

Damit das Controlling jedoch diese Aufgaben erfüllen kann, muß es sich in drei Richtungen weiterentwickeln:

- Nutzung von Benchmarking-Vergleichen
- Einbeziehung der Kundennutzen-Komponente
- Orientierung am Unternehmenswert

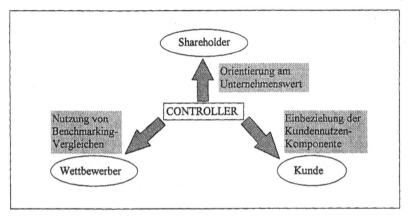

Abb. 10: *„Weiterentwicklung des Controlling in drei Dimensionen"* [Fis96]

Abschließend ist zu sagen, daß der Controller von morgen aktiv in den Kommunikationsprozeß im Unternehmen eingreifen muß. Des weiteren muß er helfen, den Transformations- und Koordinationsprozeß von kaufmännischen Zielen des Top-Managements mit technischen Zielgrößen der Produktionsverantwortlichen zu fördern und zu begleiten. Das bedeutet, daß auch die betriebswirtschaftlichen Vorgaben den Technikern oder Ingenieuren verständlich gemacht werden. Andererseits müssen auch den Betriebswirten die von Technikern geschriebenen Investitionsanträge erläutert werden [Fis96].

Das Informationssystem ist seit jeher das Kernstück eines jeden Controllingsystems. Eine der Hauptaufgaben des Controllers wird deshalb die Einrichtung und Erhaltung eines, dem Wirtschaftsprinzip entsprechenden, formalisierten Informationsytems sein. Die Firma Villeroy & Boch besitzt seit 1988 mit der Standard-Anwendungssoftware R/2 von SAP ein umfassendes Informationssystem, daß alle betrieblichen Bereiche abdeckt und somit ein geschlossenes betriebswirtschaftliches Gesamtsystem darstellt. V&B plant zudem in Kürze das System R/3 von SAP einzuführen.

Die SAP AG ist heute einer der bedeutendsten international operierenden Anbieter von Standard-Anwendungssoftware. SAP besteht heute aus einer weltweit operierenden Gruppe mit 25 eigenen Gesellschaften, 2 Beteiligungsgesellschaften und über 3600 Mitarbeitern in allen wichtigen Industrieländern.

SAP bietet zwei Produkte an: R/2 für Großrechner-Anwendungen und R/3 für die Client-Server-Technologie.

Mit beiden Systemen verfügt SAP über geschlossene betriebswirtschaftliche Gesamtsysteme. Herausragende Leistungsmerkmale beider Software-Systeme sind umfassende Integration, gemeinsame Datenhaltung, Offenheit, modularer Aufbau und Branchenneutralität [SAP93].

Das System R/2 ist eine integrierte Anwendungssoftware, die die gesamte Bandbreite betriebswirtschaftlicher Funktionen abdeckt. Durch den weitestgehenden modularen Aufbau ist eine große Anpassungsfähigkeit an das jeweilige Unternehmen garantiert. Die Philosophie dieses Systems folgt konsequent der Idee, daß Mengen- und Wertefluß eine Einheit sein müssen. Die Verbuchung von Mengen und Werten erfolgt bei jedem Vorgang direkt (Realtime).

Das System R/3 ist als Nachfolgeprodukt zu R/2 dessen konsequente Weiterentwicklung auf Basis der Client-Server-Technologie. Bei betriebswirtschaftlich gleichartiger bzw. erweiterter Funktionalität ist insbesondere durch den Wechsel der Hardware-Plattform eine wesentlich bessere Verbreitung (Kundenanzahl und Internationalität) festzustellen. Durch die Vollständigkeit der betriebswirtschaftlichen Lösungen bei gleichzeitiger Branchenneutralität und zertifizierten (ISO 9000) Schnittstellen zu Branchensoftwarelösungen ist R/3 in der Lage, für fast alle betriebswirtschaftlichen Belange eine datenverarbeitungs-technische Lösung anzubieten.

2.2.4 Datenbanken

„Als Datenbank bezeichnet man die Vereinigung aller Datensätze zu einem integrierten Datenbestand mit kontrollierter Redundanz" [Sch96a]. Datenbanken verfügen über ein Datenbankverwaltungssystem, das für den Aufbau, Auskunft, Kontrolle und Manipulation der Datenbank zuständig ist. Das Datenbankverwaltungssystem dient auch als Schnittstelle zu Anwendungsprogrammen und Endbenutzern. Im Data Dictionary ist die Dokumentation der Datenbank hinterlegt.

Der Benutzer und der Datenbankadministrator sind die Dialogpartner einer Datenbank. Der Administrator ist für die Systemverwaltung der Datenbank zuständig.

Man unterscheidet nach der Art der Datenhaltung zentrale und verteilte Datenbanken. Eine zentrale Datenbank befindet sich auf einem Rechner (Mainframe), an den Terminals angeschlossen sind, über die auf den Datenbestand zugegriffen werden kann. Von verteilten Datenbanken spricht man, wenn der Datenbestand zwar in mehr als einer Datenbank aufgeteilt ist, aber dennoch die Möglichkeit besteht, mit jeder dieser Datenbanken Daten auszutauschen. Für verteilte Datenbanken existieren die Prinzipien Lokalität, lokale Autonomie, Ortsunabhängigkeit und Transparenz.

Bei Lokalität sind die Daten im Zugriff des Rechners, der sie am häufigsten benötigt. Lokale Autonomie besagt, daß jede Datenbank für sich selbst arbeitsfähig ist. Unter dem Prinzip Ortsunabhängigkeit versteht man die Identifizierung entfernter und lokaler Daten auf die gleiche Weise. Transparenz bedeutet dagegen, daß die Verteilung der Daten für den Benutzer ohne Bedeutung ist.

„Ein Datenmodell des DV-Konzepts ist eine Beschreibungsform, auf der konkrete Datenbanksysteme aufbauen" [Sch94]. Es gibt hierarchische, netzförmige und relationale Datenmodelle. Das hierarchische Datenmodell besitzt heute hauptsächlich geschichtlichen Charakter. Bei ihm liegen die Daten in einer Baumstruktur vor, mit der ausschließlich 1:n-Beziehungen darstellbar sind. Der Zugriff auf einen Datensatz erfolgt entsprechend der vorgegebenen Baumstruktur.

Das Netzwerkmodell ist eine Weiterentwicklung des hierarchischen Modells. Bei dem Netzwerkmodell gibt es keinen Wurzelknoten. Durch Einführung verbindender Entity-Typen sind auch M:N-Beziehungen darstellbar.

Das gebräuchlichste Datenmodell ist mittlerweile das Relationenmodell. Eine Relation ist die Teilmenge des karthesischen Produkts von Basismengen R(A1, A2, ..., An) C W(A1) X

W(A2) X ...X W(An) und besteht aus Tupeln [Cod70]. Um die Redundanz bei Relationen zu verringern, kann man diese normalisieren. Man unterscheidet dabei mehrere Normalformen. Die 1., 2. und 3. Normalform sind in Schmidt, G.: Informationsmanagement: Modelle, Methoden, Techniken, Berlin, 1996, S. 61 ff. dargestellt.

Die „Benchmarking-Datenbank" bei Villeroy & Boch ist vollkommen menügesteuert unter Microsoft Access in der Version 2.0 konzipiert und programmiert.

2.2.5 BENCHMARKING

Ursprünge des Benchmarking

> *Eine Schwierigkeit überwindet man nicht immer dadurch, daß man beharrlich an ihr arbeitet, sondern oft dadurch, daß man an der nächsten arbeitet. Bestimmten Menschen und bestimmten Dingen muß man sich seitwärts nähern.*
>
> André Gide, 1924

Der Begriff Benchmarking kommt aus dem Vermessungswesen. Er bedeutet Festpunkt oder Fixpunkt [Bur93]. Heute versteht man unter Benchmarking den Prozeß des Messens der eigenen Leistung. Dieser Prozeß des Messens kann sich auf unterschiedliche Objekte beziehen. Er dient sowohl der Standortbestimmung als auch der Verbesserung der strategischen Wettbewerbsposition. In der aktuellen Diskussion wird Benchmarking grundsätzlich im Zusammenhang mit Total Quality Management gesehen.

Das amerikanische Unternehmen Xerox befand sich Ende der 70er Jahre in einer katastrophalen Wettbewerbsposition, die durch Qualitäts- und Kostenprobleme hervorgerufen wurde. Das Konkurrenzunternehmen Canon aus Japan war in der Lage, Kopierer zu einem Preis zu verkaufen, der wesentlich unter den Herstellkosten für vergleichbare Geräte bei Xerox lag. Xerox verlor rapide Marktanteile auf dem Kopierermarkt. Die Zukunftsprognosen für Xerox waren alles andere als gut. Xerox hat diese Krise mit Hilfe einer enormen Energieleistung im Hinblick auf Qualität und Kosten gemeistert. Heute konkurriert man wieder mit Erfolg am Markt. Mit Hilfe der Einführung des Leadership Through Quality-Programms im Jahre 1983 konnte die Wettbewerbsfähigkeit wieder zurückgewonnen werden. Dieses Programm umfaßte im wesentlichen die drei Bausteine Einbindung der Mitarbeiter, Benchmarking und Qualitätsverbesserungsprozeß. Für Aufsehen sorgte dabei vor allem das sogenannte Benchmarking. Benchmarking ist ein Planungsinstrument und stammt nicht aus Japan, sondern aus den Vereinigten Staaten [BGR94, HH92, LMc93, KL95]. Das Instrument ist mittlerweile von zahlreichen weltbekannten Unternehmen wie beispielsweise Motorola, Ford, GTE, IBM, AT&T, Honeywell oder Alcoa übernommen worden.

Benchmarkingdefinitionen

Benchmarking ist noch eine relativ junge Managementtechnik. Jedoch existieren bereits mehrere unterschiedliche Definitionen des Begriffs Benchmarking.

Webster`s New 20th Century Unabridged Dictionary definiert Benchmark wie folgt:

„1. a surveyor`s mark made on a permanent landmark that has a known position and altitude.

2. a standard or point of reference in measuring or judging quality, value, etc. " [CK94]

„Benchmarking ist der kontinuierliche Prozeß, Produkte, Dienstleistungen und Praktiken zu messen gegen den stärksten Mitbewerber oder die Firmen, die als Industrieführer angesehen werden" [Cam89]. Diese Definition ist identisch mit der von Xerox, die Benchmarking zum ersten Mal in der Praxis erfolgreich einsetzten und dies immer noch tun.

Nach Leibfried/ McNair ist „Benchmarking ein externer Blick auf interne Aktivitäten, Funktionen oder Verfahren, um eine ständige Verbesserung zu erreichen". Ausgehend von einer Analyse der existierenden Aktivitäten und Praktiken im Unternehmen will man existierende Prozesse oder Aktivitäten verstehen und dann einen externen Bezugspunkt identifizieren, einen Maßstab, nach dem die eigene Aktivität gemessen und beurteilt werden kann. Ein solches Benchmark läßt sich auf jeder Ebene der Organisation, in jedem funktionellen Bereich ermitteln. Das Endziel ist ganz einfach: besser zu werden als die Besten - einen Wettbewerbsvorteil zu gewinnen [LMc93].

Durch die Definitionen von Camp und Leibfried/McNair kann man eine Blickrichtung nach außen erkennen. Man beobachtet nicht mehr die eigenen Kosteneinsparungen und Etats, sondern orientiert sich an den Wünschen der Kunden.

Fred Bowers, Benchmarking-Manager bei Digital Equipment, lieferte eine sehr futuristische Definition des Begriffs. Bei einer Präsentation während einer American Productivity & Quality Center (APQC)-Benchmarking-Konferenz erklärte Bowers den Benchmarking-Prozeß im Hinblick auf die Richtung seiner weiteren Entwicklung : „Die Form, in der Organisationen lernen, ist angelehnt an den menschlichen Lernprozeß" [Wat93].

Bei intensiver Literaturrecherche erhält man also mehrere Definitionen des Benchmarking-Begriffes. Die Definition des International Benchmarking Clearinghouse repräsentiert die Auffassung von einigen hundert Unternehmen.

„Bei der Durchführung einer Benchmarking-Studie findet ein ständiger Abwägungsprozeß statt. Bei diesem Prozeß werden die Arbeitsabläufe ständig überwacht und mit denen marktführender Unternehmen auf der ganzen Welt verglichen, um Informationen zu erhalten, die den Unternehmen dabei helfen, die entsprechenden Schritte zur Verbesserung seiner Arbeitsabläufe zu veranlassen".

Die Grundidee des Benchmarkings

Ein Best-Practice-Benchmarking-Vergleich ist in Abb. 11 dargestellt [Bur93, Wat93]:

Ein Unternehmen vermutet in einem strategischen Wettbewerbsbereich einen Wettbewerbsnachteil. Um diesen zu messen, muß das Unternehmen einen Maßstab festlegen. Anhand dieses Maßstabes kann man nun die Leistungslücke quantifizieren. Die Lücke muß jetzt durch eine theoretische und organisatorische Analyse untersucht werden. Durch die gewonnenen Ergebnisse besteht nun die Möglichkeit, einen Plan zur Überkompensation der Leistungslücke festzulegen. Unter Einsatz dieses Plans soll dann in mehreren Sprüngen die Spitzenposition erobert werden. Benchmarking-Vergleiche müssen allerdings nicht als Best-Practice-Vergleiche ausgelegt werden.

Abb. 11 zeigt allerdings auch, daß die Konkurrenzunternehmen in diesem Zeitraum auch Leistungsverbesserungen erzielen können. Daraus folgt, daß die Benchmarks ständig aktualisiert werden müssen, sofern sie aussagekräftig sein sollen.

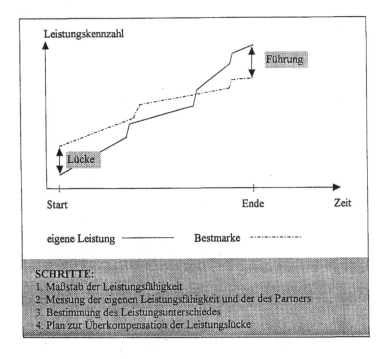

Abb. 11: *Der Weg zur Spitze durch Benchmarking* [KL95]

7 Benchmarking-Varianten

Man unterscheidet heute 7 Benchmarking-Varianten [Han96]. Nachfolgend sind die einzelnen Varianten kurz erläutert:

- Funktionales Benchmarking

  Es erfolgt ein Vergleich mit branchenfremden Unternehmen und Organisationen.

- Ganzheitliches Benchmarking

  Man prüft alle Prozesse eines Unternehmens.

- Internes Benchmarking

  Man vergleicht Prozesse innerhalb des Unternehmens oder führt Vergleiche zwischen Konzernunternehmen durch.

- Offenes Benchmarking

  Jedem Unternehmen ist bekannt, wer in die Untersuchung einbezogen ist. Die Unternehmen erhalten einen einheitlichen Fragebogen und eine anonymisierte Auswertung.

- Verdecktes Benchmarking

  Die Unternehmen wissen nicht, daß sie miteinander verglichen werden.

- Wettbewerbsorientiertes Benchmarking

  Man vergleicht das Unternehmen mit seinen direkten Mitbewerbern.

- Kontinuierliches Benchmarking

  Benchmarking ist kein einmaliges Ereignis. Der Benchmarking-Prozeß ist in gewissen Zeitabständen regelmäßig zu wiederholen.

Der Benchmarking-Prozeß

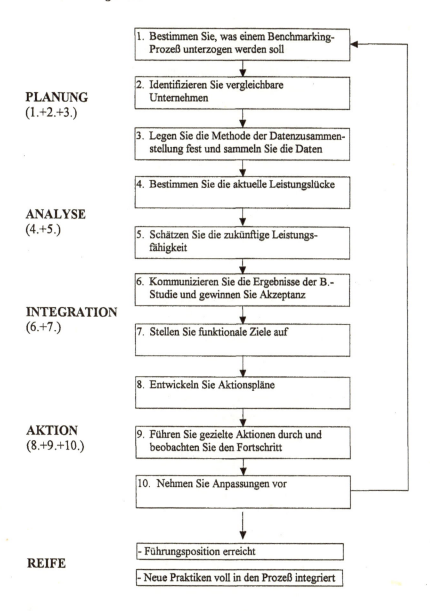

PLANUNG
(1.+2.+3.)

1. Bestimmen Sie, was einem Benchmarking-Prozeß unterzogen werden soll

2. Identifizieren Sie vergleichbare Unternehmen

3. Legen Sie die Methode der Datenzusammen-stellung fest und sammeln Sie die Daten

ANALYSE
(4.+5.)

4. Bestimmen Sie die aktuelle Leistungslücke

5. Schätzen Sie die zukünftige Leistungs-fähigkeit

INTEGRATION
(6.+7.)

6. Kommunizieren Sie die Ergebnisse der B.-Studie und gewinnen Sie Akzeptanz

7. Stellen Sie funktionale Ziele auf

8. Entwickeln Sie Aktionspläne

AKTION
(8.+9.+10.)

9. Führen Sie gezielte Aktionen durch und beobachten Sie den Fortschritt

10. Nehmen Sie Anpassungen vor

REIFE

- Führungsposition erreicht

- Neue Praktiken voll in den Prozeß integriert

Abb. 12: *Schritte des Benchmarking-Prozesses*

Die Zukunft des Benchmarking

Wird der „Benchmarking Boom" weitergehen ?

Es ist anzunehmen. In größeren Organisationen vollziehen sich Veränderungen nur sehr langsam. Sie haben aber erkannt, daß die alten Strukturen überholt sind. Man stellt sich nun die Frage, wie soll man Benchmarking implementieren und wie kann man es zu einem selbstverständlichen Teil des Organisationslebens machen.

The Benchmarking Clearinghouse in den USA hat in einer Studie festgestellt, daß 96% der amerikanischen Firmen Benchmarking in den nächsten 5 Jahren einsetzen wollen. Durch den Konkurrenzdruck ist es notwendig, daß die Unternehmen die Qualität der Produkte und den Service ständig verbessern. Aus diesem Grund halten sie ständig Ausschau nach besseren Techniken, mit denen sie o.g. Ziele erreichen können. Außerdem zeigt die Studie, daß nur 6% der Unternehmen alle Prozesse benchmarken und nur 13% alle Wettbewerber betrachten. Hieraus kann man erkennen, daß die Unternehmen bei der Auswahl der Benchmarking-Partner sehr vorsichtig sind.

Des weiteren ist aus der Studie ersichtlich, daß 86% der Unternehmen über keinen geeigneten strategischen Benchmarking-Plan verfügen. Ohne Planung ist erfolgreiches Benchmarking jedoch nicht möglich [BBK93].

In Deutschland deutet ebenfalls vieles daraufhin, daß Benchmarking eine stärkere Verbreitung erlangen wird. Die conträre Beziehung zwischen Geheimhaltungsinteressen und Neugier wird sich entspannen. Es wird soweit kommen, daß immer mehr Unternehmen bereit sind, Benchmarking-Datenbanken unternehmensspezifische Daten zur Verfügung zu stellen.

Im Zuliefererbereich des Automobilsektors existieren seit 1989 Benchmarkingstudien im Bereich der Zuliefererbewertungen, die Quality Awards genannt werden. Weiterhin spricht für eine zunehmende Beteiligung an Benchmarking-Datenbanken auch, daß die Unternehmen die hierin schlummernde kreative Chance zur Verbesserung der strategischen Wettbewerbssituation und die Sicherung des Standortes Deutschland sehen [KL95].

Abschließend ist anzumerken, „as well as a strategy for Benchmarking - there is also a need for the Benchmarking of strategy". Man fragt nicht nur nach Prozessen und Produkten, sondern wie man in den Markt eindringen kann, wie man ihn beeinflussen und erschliessen kann; wie man überleben und in Zukunft wachsen kann. Am Ende sind wir an dem Punkt angelangt, an dem wir begonnen haben. „Benchmarking ist about doing the obvious things in a systematic manner. Consultants cannot `solve it all`; they can help, but you must own it" [BBK93].

3   Anschub des Benchmarking-Prozesses bei Villeroy & Boch

3.1   Prozeßanalyse der Fliesenproduktion

Der Villeroy & Boch Konzern untergliedert sich in drei Unternehmensbereiche: Fliesen, Sanitär und Tischkultur. Fliesen werden an 6 Standorten produziert: Fliesenwerke Saar (Mettlach und Merzig), Lübeck-Dänischburg, La Ferté Gaucher (Frankreich), Oiry (Frankreich) und Alföldi (Ungarn). Vor kurzem wurde ein Werk in Ludoj (Rumänien) dazugekauft.

In den Fliesenwerken Saar werden Wand- und Bodenfliesen aus Steingut und Steinzeug, sowie Formteile, Dekore und Zubehör hergestellt. Die Wandfliesen werden aus Steingut hergestellt, die Bodenfliesen aus Steinzeug. Die heutigen Formatgrößen reichen vom 5x5 cm großen Mosaiksteinchen bis hin zu 40x40 cm großen Bodenfliesen. Durch die Vielfalt der Formate und Dekore ergibt sich ein Programm von nahezu 5000 Variationen.

Das Produktionsprogramm kann man wie folgt in Erzeugnisgruppen (EG) untergliedern. EG 1 sind glasierte Steingutfliesen, EG 2 sind unglasierte Steingutfliesen und EG 3 glasierte Steinzeugfliesen. Wandfliesen gehören zur Erzeugnisgruppe 1. Bodenfliesen, polierte Steinzeugfliesen, Formteile (z.B. für Schwimmbäder) und polierte Natursteine (Fremdbezug) ordnet V&B der Erzeugnisgruppe 2 zu. Die Erzeugnisgruppe 3 umfaßt glasierte Bodenfliesen und Fassadenfliesen. In der Tab. 1 ist dieser Sachverhalt noch einmal dargestellt.

Erzeugnisgruppe 1 EG 1	Erzeugnisgruppe 2 EG 2	Erzeugnisgruppe 3 EG 3
Wandfliesen	Bodenfliesen	glasierte Bodenfliesen
	polierte Steinzeugfliesen	Fassadenfliesen
	Formteile	
	polierte Natursteine	

Tab. 1: *Einteilung des Produktionsprogramms von V&B in Erzeugnisgruppen*

Darüberhinaus läßt sich die Produktpalette nach Marktsegmenten unterteilen. Elegante, hochwertige Fliesen werden dem Marktsegment Creation zugeordnet. Die Junior Collection und Junior Aktion sind Fliesen für das mittlere und untere Preissegment des Fachhandels.

Das Marktsegment Architektur umfaßt Fliesen für den objektorientierten Bedarf. Absatzmittler sind dabei Architekten für das Anwendungsspektrum von Schwimmbädern, öffentlichen Gebäuden, Gewerbebauten, etc.

Durch die Spezialisierung der Werke auf bestimmte Produktgruppen (siehe Kapitel 2) wird in den Fliesenwerken Saar nur noch glasiertes Steinzeug produziert. In der Abb. 13 ist die Steinzeugproduktion schematisch dargestellt.

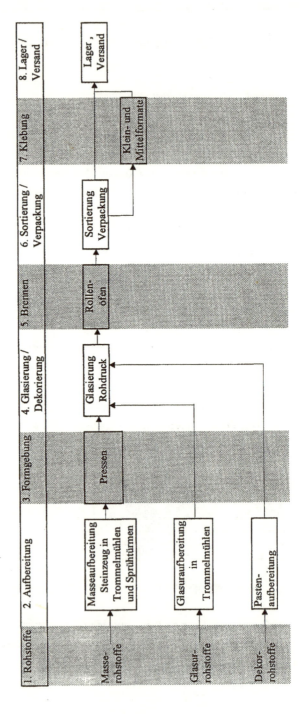

Abb. 13: *Die Steinzeugproduktion*

Am Beispiel des Werkes 5 in Merzig soll der Fliesenprozeß detailliert analysiert und danach modelliert werden.

Zum Einstieg möchte ich den Begriff Prozeß definieren. „Ein Prozeß ist eine Tätigkeit (Vorgang, Aktivität), durch die Ressourcen und Zeit verbraucht werden, um Werte zu schaffen (Wertschöpfungsprozeß)" [Zie93]. Villeroy & Boch setzt Rohstoffe wie Ton etc. ein und erhält am Ende des Prozesses Fliesen als Fertigware.

Villeroy & Boch gliedert dabei die Fliesenproduktion in fünf Fertigungsstufen: Aufbereitung (Masse, Glasur), Formgebung, Glasierung, Brennen und Sortieren und Verpacken. Anhand einer technischen Zeichnung von Werk 5 in Merzig möchte ich die einzelnen Fertigungsstufen erläutern. Die Masseaufbereitung findet zur Zeit noch in Mettlach statt. Die Masse wird von dort per LKW nach Merzig in die Massesilos transportiert.

Das Werk 5 in Merzig produziert bis Ende 1997 und wird dann mit dem Neuen Werk in Merzig verschmolzen. Das Neue Werk ist noch im Umbau. Mitte 1997 sollen dort die ersten verkaufsfähigen Fliesen vom Band laufen.

Die erste Fertigungsstufe ist die Masseaufbereitung. Als Rohstoffe zur Fliesenproduktion dienen die Hartstoffe (Feldspat und Quarz) und die Weichstoffe (Kaolin und Ton). Die Hartstoffe werden vor der Verarbeitung grobgemahlen und zerkleinert, während die Weichstoffe nur durch Zufuhr von Wasser aufgeschlämmt werden. Anschließend gelangen die Rohstoffe in einen Mischer, in dem die Dosierung und Homogenität festgelegt werden. Danach wird in einem Sprühturm der Wassergehalt des Gemisches auf eine Restfeuchte von ca. 6 % reduziert. Die Masse wird zur Zeit noch zentral in Mettlach gefertigt, von wo sie per LKW in die Masseübergabestation in Merzig transportiert wird. Von dort wird sie über ein Massetransportband zur Presse verfrachtet.

Zur Fertigungsstufe Formgebung gehören z.Z. die Pressen PR51, PR52, PR53, PR54, PR55 sowie die Transportbänder und Trockner (hinter jeder Presse). Die Pressen werden in Merzig unter der Kostenstelle 877 zusammengefaßt.

Bei der Formgebung wird die Masse durch hydraulische Pressen (ca. 1500 t Pressdruck) in die gewünschte Formatgröße umgewandelt. Anschließend werden die gepreßten Fliesen über einen Ausstoßer dem Sammler zugeführt. Über Transportbänder gelangen die Fliesen in den nachfolgenden Trockner (ca. 45 min., bis 130 °C). Dort werden sie für die anschließende Glasierung vorbereitet.

Die Glasierlinien GL 51, GL 52, GL53, GL 54, GL55 und die Ladestationen gehören zur Fertigungsstufe Glasierung. Die Glasierlinien werden in der Kostenstelle 880 zusammengefaßt. Hier durchlaufen die gepressten und getrockneten Fliesen auf einem Fließband die verschiedenen Applikationsaggregate (z.B. Kaskade, Glocke, Siebdruck, Rotocolor etc.) und werden dann durch Ladestationen auf einen Speichercontainer (ca. 36 m² Inhalt) verfrachtet.

Durch Transportgleise werden die Fliesen dem Speichergerüst (ca. 200 Speichercontainer mit ca. 7000 m² Speicherkapazität) zugeführt. Die Gleisanlage befördert nun die Speichercontainer zu den Entladestationen der Öfen.

Der Brennbereich ist in der Kostenstelle 886 zusammengefaßt und enthält die Entladestationen, den Doppelkanal-Rollenofen R 531 und R 532 und die Ladestationen.

Mittels Rollen werden die Fliesen durch die 80 m langen Rollenöfen (ca. 60 min bei ungefähr 1200 °C Brenntemperatur) befördert. Im ersten Drittel des Ofenbereichs werden die Fliesen langsam erwärmt, im zweiten Drittel erhält die Fliese ihre maximale Temperatur und wird dann im letzten Ofenabschnitt langsam wieder abgekühlt. Durch die Ladestationen werden die Fliesen auf Speichercontainern wieder der Transporteinrichtung des Rangier-/Speichersystems zugeführt, welches nun die Container dem Speichergerüst zuführt. Von dort gelangen die Speichercontainer zu den Entladestationen des Bereichs Sortieren, Verpacken, Palettieren.

Diese nun erreichte Fertigungsstufe ist in den Kostenstelle 891 und 892 organisiert und umfaßt die Entladestationen, die Sortierlinien SO51, SO52, SO53, SO54, SO55, die Verpackungsanlage und die Endkontrolle.

In diesem Bereich werden die Fliesen zuerst nach den Qualitätsstufen 1. Sortierung und Mindersortierung getrennt. Mit Hilfe der Prüfungsart Sonor (Klangprobe) wird die Fliese auf Risse getestet. Durch die Planimetrie wird die Oberbeschaffenheit festgestellt und die Farben der Fliesen werden durch das menschliche Auge untersucht. Danach werden die Fliesen verpackt und auf Paletten geladen. Die Paletten werden durch Schrumpfungsanlagen mit Folie versehen und in einer statistischen Endkontrolle überprüft.

In der Abb. 14 ist das Werk 5 mittels einer technischen Zeichnung dargestellt.

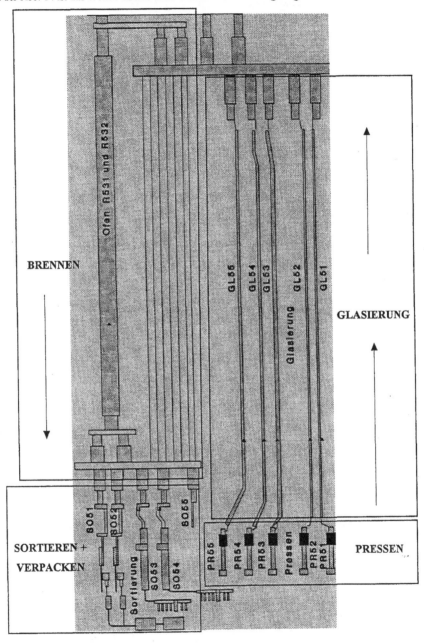

Abb. 14: *Technische Zeichnung von Werk 5*

Die Abb. 15 umfaßt eine Auflistung der Kostenstellen und ihren Verantwortlichen (aus SAP)
von Werk 5.

```
VILLEROY & BOCH AG    KOSTENSTELLENVERZEICHNIS        STAND: 25.11.96
BUKRS 01  GJAHR 96    FUER AUFTRAGSHIERARCHIE         SEITE:     1
-----------------------------------------------------------------------
WE AA G B HKOST KOSTL BEZEICHNUNG                     LEITER
-----------------------------------------------------------------------
03 .. 0   6C500 00886 BRENNBETRIEB WERK 5             BRITTEN
03 .. 0   6C500 00877 PRESSEN WERK 5                  LESCH
03 .. 0   6C500 00880 GLASIERUNG WERK 5               LESCH
03 .. 0   6C500 00100 REPARATUR/INSTANDH. WERK 5      BRITTEN
03 .. 0   6C500 00114 PRODUKTIONSKONTROLLE WERK 5     KRYSTKIEWICZ
03 .. 0   6C500 00164 RANGIERSYSTEM ROLSTOCK WERK 5   BRITTEN
03 .. 0   6C500 00850 EXT. FERTIG. FLIESEN SCHNEIDEN  BUSTERT
03 .. 0   6C500 00870 VERANTWORTUNGSBEREICH WERK 5    LESCH
03 .. 0   6C500 00891 SORTIEREN UND VERPACKEN WERK 5  LESCH
03 .. 0   6C500 00892 VERPACKUNGSMATERIAL WERK 5      LESCH
03 .. 0   6C500 00910 SCHNEIDANLAGE FLIESEN           LESCH
03 .. 0   6C500 00912 EXT. FERTIG. FLIESEN POLIEREN   BUSTERT



OK _    PF: 3=Back 11=Suchen String 12=Drucken Liste            01/01
LTG                                        TAST
```

Abb. 15: *Kostenstellenverzeichnis für Werk 5 in Merzig*

Abschließend zu dieser Erläuterung des Produktionsprozesses in Werk 5 in Merzig
erfolgt die Modellierung des Produktionsprozesses mit Hilfe von GPN.

Modellierung des dargestellten Fertigungsprozeß in Werk 5 mit Hilfe von GPN

Produktionsprozeß: glasiertes Steinzeug, Einbrand-Verfahren, Großformate;   Produktion in: Werk 5, Merzig, Fliesenwerke Saar

Organisationseinheiten (obere Reihe):

| Kostl 877 Pressen Werk 5 Herr Lesch | Knotenkostl 6A000 Aufbereitung Herr Kiefer | Kostl 880 Glasierung Werk 5 Herr Lesch | Kostl 877 Pressen Werk 5 Herr Lesch | Kostl 886 Brennbetrieb Werk 5 Herr Britten | Kostl 880 Glasierung Werk 5 Herr Lesch | Kostl 891 Sortieren und Verpacken Werk 5 Herr Lesch | Kostl 886 Brennbetrieb Werk 5 Herr Britten | Logistik Herr Weis | Kostl 891 Sortieren und Verpacken Werk 5 Herr Lesch | Logistik Herr Weis | Logistik Herr Weis |

Ressourcen / Input:

- Aufbereitungsanlage best. aus Trommelmühlen, Sprühtürmen, Rohstoffe, etc.
- Masse (pulverförmig mit 6 % Restfeuchte)
- Presse Sacmi PH 980 4 Stück
- Rohling, Scherbe
- Glasierlinie SACS mit Applikationen z.B. Rotocolor, Sieb, Kaskade etc.
- glasierte Fliese
- Siti Doppeletagen-Rollenofen
- gebrannte Fliese
- Sortierlinie 2 SATI 2 System
- Sortierte Fliese: 1. Wahl, Mindersortierung Pakete Palette
- Gabelstapler, durch Industrieschleifen gesteuertes Lagersystem, LKW
- Pakete, EURO-Paletten

Attribute / Daten:

- Mischverhältnis der Rohstoffe
- Zusammensetzung der Masse, Meßergebnisse, Proben
- Druckstellen zur individuellen Einstellung der Presse
- 1. Sortierung, Mindersortierung, Bruch, Fliesenstärke
- Glasurfarbe Anzahl und Reihenfolge der Applikationen
- Brenndauer der jeweiligen Glasur, Beschaffenheit der Fliesenoberfläche
- Temperaturangaben, Brenndauer
- tatsächliche Brenndauer
- Farbabweichungen Toleranzgrenzen m²/Paket
- Anzahl Stück/m² Pakete/Palette
- Lagerkapazität Bestellmengen
- Kapazität Paletten im Lager und Paletten pro LKW

Prozeßschritte:

- Aufbereiten der Masse
- Formgebung „Pressen"
- Glasieren der Fliesen
- Brennen der Fliesen
- Sortieren und Verpacken der Fliesen
- Lagerung und Versand der Fliesen

Ereignisse (untere Reihe):

- Rohst. im Lager (in geeigneter Korngröße)
- Masse mit 6% Restfeuchte hergestellt
- Transport Masse zur Presse
- Fliese fehlerfrei gepreßt
- Transport Fliese zur Glasierlinie
- Fliese korrekt glasiert und getrocknet
- Transport Fliese zum Ofen
- Fliesen nicht gesprungen (Qualität?)
- Fliese abgekühlt
- 1. Sortierung und Mindersortierung
- Fliesen in Pakete verpackt
- Fliese im Lager oder auf LKW

3.2 Beschreibung der Benchmarking-Datenbank

Benchmarking ist für den Unternehmensbereich Fliesen keine völlig neue Methode. Bei der Prüfung der bisherigen Durchführung des Benchmarkings wurden aber eine Reihe von systemimmanenten Schwächen festgestellt, die es zu beseitigen galt. Unvollständige und wenig strukturierte Datenerhebungen sowie relativ späte und zyklische Analysen stellen die Hauptprobleme des bisherigen Benchmarkings dar. Um diese Mängel zu beseitigen und Benchmarking zu institutionalisieren, wurde eine Diplomarbeit ausgeschrieben.

Für dieses hochgesteckte Ziel erarbeiteten wir einen Umsetzungsplan. Teil dieses Plans war die Entwicklung einer Datenbank für das Benchmarking. Grundlage der Datenbank waren u.a. die Besuchsberichte über Wettbewerbsunternehmen. Sie enthalten wesentliche Informationen über den Produktionsablauf der Konkurrenz. Bei der Analyse der vorhandenen Besuchsberichte stellten wir fest, daß diese Berichte unter Benchmarking-Gesichtspunkten erhebliche Mängel vorweisen. Eine der Hauptschwierigkeiten besteht in einer möglichst vollständigen und dabei strukturierten Datenerhebung im Rahmen z.B. eines Werksbesuch. Um die Situationen möglichst realitätsnah zu (re-)konstruieren, wurde ein Eigenversuch durchgeführt. Ausgestattet mit Grundkenntnissen der Fliesenproduktion und bereits früher besichtigten Fertigungsstufen des Fliesenprozesses bei Villeroy & Boch bildeten wir ein dreiköpfiges Team und besuchten das Werk 6 in Mettlach. Im Anhang A ist das Ergebnis des Firmenbesuch einzusehen.

Bei der Besprechung der Ergebnisse bemerkten wir eindeutige Lücken und Schwächen in unserem Bericht. Daraufhin entstand ein Checkheft für Firmenbesuche.

Wir entwickelten daher ein Anforderungsprofil an das Checkheft (Checkliste). Dabei sollte das Checkheft der Anforderung der Anwendungssituation, dem Ideal-Anspruch aus Sicht des Benchmarkings und ergonomischen Anforderungen der Anwendung genügen.

Das Checkheft war für einen Werksbesuch gedacht. Dabei besichtigt man gehend die Produktion. Die Dauer eines solchen Besuches beträgt ca. 1 Stunde. Man besichtigt selten die komplette Produktion, sondern führt selektive Besichtigungen durch. Dabei kommt es vor, daß man mit unterschiedlichen Ansprechpartnern mit unterschiedlichem Prozeß-Know-how zu tun hat.

Aus der Sicht des Benchmarking wäre eine vollständige Datenerhebung der relevanten Prozeßleistungsparameter wünschenswert. Ideal wäre dabei eine Erfassung der möglichen Gründe für die Prozeßleistungsvorsprünge. Dazu kann eine strukturierte Datenerhebung beitragen. Ein Problem der Datenerhebung ist die Datenvalidität bei Falschinformationen (unbewußt, bewußt oder Schätzwerte). Nicht jeder Ansprechpartner liefert wahre Daten. Aus Anwendungssicht muß das Checkheft handlich sein. Eine schnelle Orientierung zur Erfassung und Freiraum für situative Erfassungen und Gelegenheitserfassungen müssen möglich sein. Dabei soll es möglichst unauffällig bzw. unscheinbar sein, um den Eindruck einer professionellen Datenerhebung zu vermeiden. Auf Freiraum für Layout- und Prozeßskizzen ist ebenfalls zu achten.

In der Abb. 16 ist ein Muster (Blatt 2 des Checkheftes) dargestellt. Das komplette Checkheft mit Bindung ist in Anhang B einzusehen.

Gesprächspartner	
Produktionsbereich	
besichtigtes Werk	
Verkehrsanbindung	
Energieversorgung	
Fabrikform	
Formate	
Produktionsmenge	
Mitarbeiterzahl	
Verkaufspreise der Fliesen	
Produziert U. Fliesen für andere U.	
Absatzmärkte	

Allgemeine Daten   S. 2

Abb. 16: *Musterblatt aus dem Checkheft*

3.3   DER AUFBAU DER BENCHMARKING-DATENBANK

Die Datenbank wurde unter MS Access 2.0 entworfen und implementiert. Das Datenmodell wurde bewußt technisch relativ einfach gestaltet. Durch eine intelligente Anordnung der Ausprägungsmerkmale erreichten wir jedoch Mehrjährigkeit und eine echte Aufwärtskompatibilität. Die Datenbank sollte zudem nicht zu groß werden. Ein Archiv mit „eingescannten Texten" wollten wir vermeiden, damit die wichtigen Dinge erkennbar bleiben. Außerdem sollten mit Hilfe der Datenbank die Daten in andere Office-Anwendungen transferierbar sein. Um auch allen befugten Mitarbeitern die Arbeit auf dieser Datenbank zu ermöglichen, erachteten wir eine möglichst einfache und benutzerfreundliche Bedienbarkeit als notwendig.

Daher ist die Benchmarking-Datenbank vollkommen menügesteuert anwendbar. Aufgrund der Komplexität der Daten und aus Gründen der Anwenderfreundlichkeit haben wir auch auf einfache, aber zwechmäßige und sinnvolle Abfragen großen Wert gelegt. Folglich sind die Daten in nur einer Haupttabelle mit dem Namen „Benchdaten" abgelegt. Die Tabelle verfügt dabei über 45 Spalten und ist spaltenmäßig und datensatzmäßig beliebig erweiterbar. Die zur Zeit 45 Spalten teilen sich auf 25 Textfelder, 15 Zahlenfelder, 2 Datenfelder und 3 OLE-Felder (Object Linking and Embedding) auf.

Datensatz Nummer	Daten- satzart	Firmen- name	Stichwort	Text3 - Text25 ...	Datum1	Datum2	Zahl3 - Zahl15 ...
1	5	V&B	Formgebung	...	18.12.96	...	...

Tab. 2: *Struktur der Hauptdatentabelle „Benchdaten"*

Mit Hilfe dieser Struktur können wir so eine große Zahl unterschiedlicher Dateninhalte erfassen und gleichartig verarbeiten. In diesem Zusammenhang haben wir den Begriff Datensatzart definiert. Eine Datensatzart besitzt folgende Restriktion: Eine Datensatzart darf zur Zeit höchstens aus 45 Spalten (mit exakter obiger Einteilung) bestehen. Die inhaltliche Gestaltung der einzelnen Felder ist dagegen frei variierbar. Auch die Anzahl der Datensatzarten ist nach oben beliebig erweiterbar. In Tab. 3 sind die aktuellen Datensatzarten dargestellt.

Nummer	Datensatzart
1	Stammdaten
2	Allgemeine Daten
3	Masseaufbereitung
4	Glasuraufbereitung
5	Formgebung
6	Glasierung
7	Brennbereich
8	Sortieren
9	Verpacken
10	Weiterverarbeitung
11	Lagern
12	Personal
13	Umweltfaktoren
14	Sonstige Prozessdaten
15	Wirtschaftlichkeitseckdaten 1 (GuV Ballarini)
16	Wirtschaftlichkeitseckdaten 2 (Bilanz Ballarini)
17	Externe Daten
18	Sonstiges

Tab. 3: *Datensatzarten*

3.4 Die Menüstruktur der Benchmarking-Datenbank

Die Benchmarking-Datenbank ist vollkommen menügesteuert. Mit Hilfe der Buttoms kann man sich bequem in der Datenbank bewegen.

Beim Aufruf der Datenbank „BenchDB" erscheint ein Fenster zur Eingabe von Name und Paßwort. Bei korrekter Eingabe und Zugangsberechtigung gelangt man zum Titelblatt der Datenbank. Hier bestehen die Möglichkeiten, die Datenbank zu schließen oder fortzufahren. Als nächstes öffnet sich ein Fenster zur Einstellung der Tabelle, auf der man arbeiten möchte.

Hier ergeben sich zwei Möglichkeiten: die Standardtabelle oder die benutzerdefinierte Tabelle. Die Standardtabelle ist die oben beschriebene Hauptdatentabelle Benchdaten. Sie ist beim Start automatisch eingestellt. Eine benutzerdefinierte Tabelle kann von jedem Benutzer erstellt werden (Erklärung folgt). Die benutzerdefinierte Tabelle besitzt die gleiche Struktur wie die Standardtabelle. In ihr können gefundene Datensätze einzeln oder gesamt gespeichert werden. Sie erfüllt den Zweck einer Analysetabelle. In der Regel enthält sie nur ein Teil der Datensätze der Haupttabelle. Ein einzelner Datensatz in der benutzerdefinierten Tabelle ist mit dem in der Standardtabelle jedoch identisch. In einer Liste sind die bereits angelegten benutzerdefinierten Tabellen auswählbar.

Nach der Tabellenauswahl öffnet sich das Hauptmenü. Dort sind die Funktionen „Abfrage starten", „Datensätze ansehen" und „Neue Datensätze eingeben" abrufbar. Desweiteren kann zur Tabellenauswahl zurückgesprungen werden, die DB geschlossen werden oder der Tabellenbezug geändert werden.

Die Funktion „Abfrage starten" ist das Herz der Datenbank. Nach Auswahl dieser Option kann nach vier verschiedenen Gruppen zu suchen. Es besteht die Möglichkeit nach Text (Anfangsbuchstaben stimmen überein), freier Text, Kennzahlen und Datum in Kombination mit der Datensatzart gesucht werden. Werden keine Suchdaten eingegeben, so erscheinen alle Datensätze in dem Formular „Gefunden". Des weiteren kann in allen vier Fällen auch nur nach der Datensatzart gesucht werden. Die getrennte Suche nach Text, freiem Text, Kennzahlen oder Datum kann ebenfalls erfolgen.

Hat man schließlich einen Datensatz gefunden, so eröffnen sich mehrere Optionen zum Fortfahren. In dem jeweiligen Formular kann man den aktuellen Datensatz oder alle Datensätze in eine benutzerdefinierte Tabelle anfügen, den aktuellen Datensatz ansehen, alle Datensätze in Tabellenansicht ansehen, den aktuellen Datensatz oder alle Datensätze in die Zwischenablage kopieren (zur Weiterverarbeitung in MS Office), den aktuellen Datensatz drucken oder eine neue benutzerdefinierte Tabelle erstellen.

Will man den aktuellen Datensatz anfügen oder alle Datensätze anfügen, so wird man nach dem Tabellennamen gefragt. Auch hier wird zur Hilfe eine Liste eingeblendet, aus der eine benutzerdefinierte Tabelle ausgewählt werden kann.

Mit „aktuellen Datensatz ansehen" wird der Datensatz in ein aufbereitetes Formular geladen und kann in dieser Darstellungsform auch ausgedruckt werden. In der Tabellenansicht werden die Datensätze tabellarisch untereinander dargestellt. Außerdem können die Datensätze durch Aufruf von „Markierung aktueller Datensatz" oder „Markierung alle Datensätze" in die Zwischenablage kopiert werden. Aus der Zwischenablage können die Daten dann einfach in andere MS Office Anwendungen eingefügt und weiterverarbeitet werden. Schließlich kann der jeweils angezeigte Datensatz aufbereitet gedruckt werden oder es kann eine neue benutzerdefinierte Tabelle erstellt werden. Die hier neu angelegte Tabelle ist in den Tabellenlisten später zu sehen. In der Abb. 17 ist eine Harcopy für gefundene Datensätze abgebildet.

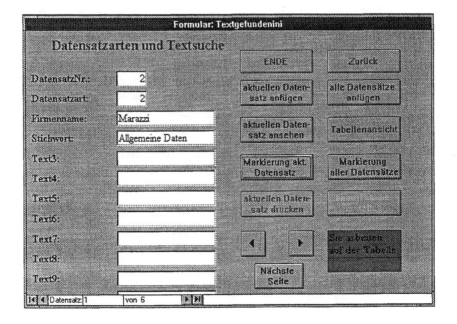

Abb. 17: *Formular Gefundene Daten*

Die Funktion „Datensätze ansehen" dient der Ansicht von bestimmten Datensätzen. Man muß die Datensatznummer kennen oder von Hand suchen, eine Abfragemöglichkeit besteht hier nicht. Diese Option dient vor allem der Betrachtung von Datensätzen zu einem späteren Zeitpunkt in einer benutzerdefinierten Tabelle. Man spart somit die erneut notwendigen Abfragen und kann sofort die bereits gefundenen Datensätze detailliert betrachten.

Neue Datensätze können in mit Hilfe von vordefinierten Formularen einfacher eingegeben werden. In der vorgegebenen Liste ist zu ersehen, zu welchen Datensatzarten bereits Eingabeformulare existieren.

Von dem Hauptmenü aus kann der Tabellenbezug geändert werden. Dies ist dann wichtig, wenn man zuerst auf einer benutzerdefinierten Tabelle gearbeitet hat und dann aber wieder auf die Standardtabelle zugreifen möchte. Arbeitete man bereits auf der Standardtabelle, so kann aus diesem Formular wieder in das Hauptmenü zurückgesprungen werden.

Die Datenbank kann zu jeder Zeit mit Hilfe der Optionen „Ende" oder „DB schließen" geschlossen werden. Aus programmiertechnischen Gründen darf der Computer jedoch nie während der Datenbankanwendung ausgeschaltet werden. Das gilt auch bei Stromausfall. In diesen Fällen ist sofort der Datenbankadministrator zu verständigen, weil sonst Datenverluste entstehen könnten. Bei undefiniertem Programmende (z.B. Stromausfall) kann man mit Hilfe der nachfolgenden Schritte den Datenbankstatus ermitteln:

1. Öffnen der Datenbank „BenchDB"

2. Nach dem Erreichen des „Hallo"-Formulars in der Menüleiste Datei „Formular schließen"

3. In der Menüleiste Datei „Einblenden" Datenbank

4. Wechsel zur Tabellenansicht

5. Tabelle „Hilf" und „Benchdaten" vorhanden → „keine Datenverluste"

6. Tabelle „Hilf" nicht vorhanden → Daten sind verloren

7. Tabelle „Hilf" und „Benchdaten" nicht vorhanden → Daten sind verloren

Die Daten der Benchmarking-Datenbank sind nie für immer verloren !!!

Mit Hilfe der folgenden Fehleranalysen und -beseitigungen ist ein korrekter Neustart möglich:

1. Tabelle „Hilf" und „Benchdaten" vorhanden → Namen der beiden Tabellen vertauschen

    „Hilf" erhält den Namen des letzten Datensatzes von Tabelle „Zwischen5"

2. Tabelle „Hilf" nicht vorhanden → Tabelle „Benchdaten" umbenennen und

    Sicherheitskopie der Datentabelle mit dem Namen „Benchdaten" einfügen;

    in Tabelle „Zwischen5" den letzten Tabellennamen nachsehen; falls Tabelle vorhanden,

    keine Änderungen vornehmen, ansonsten Tabellennamen in Tabelle „ Zwischen5" löschen

3. Tabelle „Hilf" und „Benchdaten" nicht vorhanden → Sicherheitskopie der Datentabelle

    mit dem Namen „Benchdaten" einfügen

Bei Behebung dieser möglichen Fehler ist ein korrekter Neustart möglich. Die Abb. 18 zeigt
die Global-Menüstruktur der Benchmarking-Datenbank.

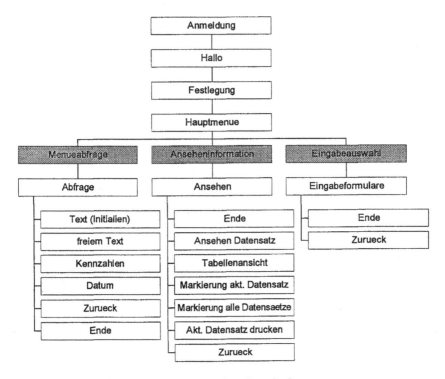

Abb. 18: *Global-Menüstruktur der Benchmarking-Datenbank*

3.5   Formalisiertes Hilfsmittel für einen Teilaspekt eines Benchmarking-Prozesses

Für die Durchführung des Benchmarking-Prozeß haben wir eine strukturierte Hilfestellung in den verschiedenen Phasen des Benchmarking entwickelt (Excel-Tabellenblatt). Wir unterscheiden dabei zwischen Analyse, Konklusionen und Beurteilung und Aktivitäten zum Umsetzen (Richtung best practice). Der Formular-Satz ermuntert zur faktenorientierten Analyse statt verbaler Kommentare. Er stellt auch eine Kommunikations-Plattform für die Benchmarking-Teams und die Betroffenen dar.

Mit Hilfe des Analyseblatt können vier Objekte anhand von Deskriptoren bzw. Vergleichsgrößen verglichen werden. Die Deskriptoren sind für jedes neue Benchmarking-Projekt zu definieren.

Auf dem Beurteilungsblatt werden die Stärken und Schwächen der einzelnen Benchmarking-Projekte herausgearbeitet und dargestellt.

Der Aktivitätenplan beschreibt die Ziele, gibt das Timing vor und benennt die Verantwortlichen. Zusätzlich werden die Vorraussetzungen und die Auswirkungen bzw. Erfolgsindikatoren festgehalten.

Dieser Formularsatz ist mit den Phasen 4-8 des Benchmarking-Prozesses aus Kapitel 2.5 gleichzusetzen.

UB. FLIESEN BENCHMARKING - ANALYSE Statusdatum: 01.01.1997

Projekt: BM001 *MUSTER*

#	Deskriptoren, Vergleichsgrößen	Objekt 1	Objekt 2	Objekt 3	Objekt 4
1	Tm² Sort. Leistung pro Jahr	3.200	1.100	4.800	
2	MA-Sortierung (Mannjahre)	16	12	16	
3	Schichtsystem (S/AT / AT/KW)	2 / 5	2 / 5	2 / 6	
4	Sortier-Systemlieferant	SATI	System	SATI	
5	EAN-Codierung	nein	ja	ja	
6	Stück/min 30x30	70 Stk/h	50 Stk/h	75 Stk/h	
7	durchschn. Personalkosten MA + Jahr	65 TDM	12 TDM	55 TDM	
8	Max. Speed Ofen. Ausgang	75 Stk/h	70 Stk/h	85 Stk/h	
9	Führungsspanne Meister, Vorarbeiter,	4 - 4	4 - 6	2 - 8	
10	Mitarbeiter				
11	ind. Palettentransport	ja	ja	ja	
12	Pers.K. DM/m²	(16x65)/3200 = 0,334	(12x12)/1100 = 0,13	(16x55)/4800 = 0,18	
13	Tm²/MA	200 Tm²	92 Tm²	300 Tm²	
14	Laufzeit % von Ges.Zeit	85%	80%	82%	

Kopie: Frau/Herren : NN,NN,NN,NN

Tab. 4: *Formularsatz: Benchmarking-Analyse*

UB. FLIESEN BENCHMARKING - BEURTEILUNG Statusdatum: 01.01.1997

Projekt: BM001 *MUSTER*

#	Vergleichsgrößen, Konklusionen	BM-Objekt	Stärken	Schwächen
	Kosten-Benchmark / rel. Kostenposition	2	0,13 DM/m² / 72 %	
	MA-Leistungsbenchmark / rel. Leistungsposition	3	300 Tm² / 150 %	
	Objekt 2	2	rel. Kostenposition 1 / 72 %	Laufzeit 80 % / 94 %
			Faktorpreise (12 TDM/p.a.)	MA-Leist.Index / 46 %
				hohe Anzahl Führungsebene 2
				System-Anlage zu störanfällig
				Stück/Min zu langsam
	Objekt 1	1		rel. Kostenposition 3 /253 %
			Kap. Abst. OA 75 /Sort 70	Tm²/MA 200 Tm² / 67 %
			MA-Leist.benchmark 300 Tm²/ 150 %	rel. Kostenposition 2 / 138 %
			Führungsebene -2	Laufzeitfaktor 82 %
			Max Stück/ Min 75 30/30	

Kopie: Frau/Herren : NN,NN,NN,NN

UB.Fliesen - Benchmarking - BM0011.XLS - Beurteilung - 15.12. 1996 - 14:10

Tab. 5: *Formularsatz: Benchmarking-Beurteilung*

UB. FLIESEN BENCHMARKING - AKTIVITÄTENPLAN   Statusdatum: 01.01.1997

Projekt: BM001 *MUSTER*

#	Ziele / Aktivitäten-Beschreibung	Timing	Verantwortlich	Voraussetzungen	Auswirkungen / Erfolgsindikatoren
1	Wirtschaftlichkeitsanalyse zum Wechsel der Sortieranlage von System auf SATI	31.03.97	Werksleitung Y	Vorabanalyse der Leistungsreserve von RO1+2	Vorlage der Investitionsrechnung bis 31.03.97
2	Prüfung der Qualifikationen der MA in Führungsebene 2 in den Werken X+Y im Vergleich zu Werk Z	31.02.1997	Werksleiter X +Y		Vorlage Konzept bis 13.02.97 / Grobdatenerhebung bis 18.2. / abgestimmte Detaildaten bis 28.02.1997 bei der T.Direktion
3	Festlegung eines Qualifizierungsplans und Beginn Schulung	31.03.97	T.Direktion	Festlegung Qualifikations-Soll-Profil und Soll-MA-Zahl	
4	Störzeitenanalyse in den Werken Y+Z auf Pareto-Basis mit Gegenmaßnahmenplan	31.03.97	T.Direktion	Bereitstellung der standardisierten Betriebsdaten an T.Direktion	
5	Gespräche mit System zur Optimierung der Laufzeiten + Stückfolgen	15.01.97	Zentr. Engineering	-	

Kopie: Frau/Herren : NN,NN,NN,NN

Tab. 6: *Formularsatz: Benchmarking-Aktivitätenplan*

4. Benchmarking als kontinuierliche Methode bei Villeroy & Boch

4.1 Organisationsform des Unternehmensbereich Fliesen

Der Villeroy & Boch Konzern ist in drei Unternehmensbereiche eingeteilt: Sanitär, Tischkultur und Fliesen. Der UB-Fliesen ist wiederum in die Geschäftsbereiche Marketing, Vertrieb, Technik, Entwicklung und Qualitätsmanagement, Logistik, Controlling und Informatik gegliedert. Daneben bestehen noch die Support-Bereiche Personal, Strategischer Konzerneinkauf und Öffentlichkeitsarbeit, die für die drei Unternehmensbereiche tätig sind.

Der Geschäftsbereich Marketing ist für die Sortiments-Profitabilität verantwortlich. Villeroy & Boch unterteilt das Sortiment in die fünf Segment-Profit-Center: Architektur Design, Junior-Collektion, Junior-Aktion, Home Ceram und Creation. Dabei überprüft und steuert das Marketing die Deckungsbeiträge der einzelnen Profit-Center. Des weiteren ist der Geschäftsbereich Marketing für die Sortimentssteuerung (Neuheiten, Auslaufsortimente, Exklusiv-Sortimente (Kunden, Regionen)) und für Werbung und Verkaufsförderung verantwortlich.

Für die Außendienststeuerung ist der Geschäftsbereich Vertrieb zuständig. Er übernimmt außerdem das Kundenmanagement und die Objekt-Akquisition. Außerdem steuert er die Absatzraum-Profitabilität von Deutschland, Frankreich, Export Europa, Export Übersee und Ungarn.

Die Technische Direktion kontrolliert die Produktions-Stückkosten (DM/m^2). Dazu werden kontinuierliche Kostenoptimierungen entwickelt. Dieser Geschäftsbereich ist außerdem für die Umsetzung und Gewährleistung der Qualitätsanforderungen an V&B-Ware zuständig. Die Technische Direktion ist für die internationale Spezialisierung und Arbeitsteilung in Deutschland, Frankreich, Ungarn und neuerdings auch Rumänien zuständig. Zudem überwacht sie die Umsetzung des Masterplans (einmalig).

Der Geschäftsbereich Entwicklung und Qualitätsmanagement überprüft die Möglichkeiten zur Adaption von Innovationen bei Villeroy & Boch. Außerdem ist er für die Aufnahme und Weiterentwicklung von technischen und keramischen Entwicklungen zuständig. Dieser Geschäftsbereich überwacht die Qualitätsstandards und Normen. Hier wird auch der kostenoptimale Zukauf von keramischer Fertigware geprüft.

Die Logistik übernimmt die Produktionsplanung- und steuerung. Die Bestände (Kapitalbindung), die Lieferfähigkeit und die Lieferpünktlichkeit werden von diesem Geschäftsbereich verantwortet.

Der Geschäftsbereich Controlling ist für die Unterstützung und Koordination bei der Erstellung und Umsetzung der strategischen und operativen Pläne verantwortlich. Des weiteren steht das Controlling bei allen wirtschaftlich relevanten Projekten und Themen als Berater zur Verfügung. Außerdem stellt das Controlling Führungsinformationen zur Entscheidungsfindung für das Management zur Verfügung.

Der Geschäftsbereich Informatik unterstützt die Prozeßverantwortlichen bei der Modellierung in SAP / R3. Außerdem liefert er Projekt-Unterstützung und Planungsmanagement bei der Umstellung auf SAP / R3.

Der Supportbereich Personal übernimmt die fachliche Führung aller Personalabteilungen (disziplinarisch den Werksleitern unterstellt) und führt die Tarif-Verhandlungen. Darüberhinaus liefert er arbeitswirtschaftliche Unterstützung bei der Erarbeitung von Schicht- und Arbeitszeitmodellen.

Die Rahmenverträge für die Beschaffung von Roh-, Hilfs- und Betriebsstoffen schließt der Supportbereich Strategischer Konzerneinkauf ab. Hier werden die Preisverhandlungen für Roh-, Hilfs- und Betriebsstoffe und Energie geführt. Außerdem ist der Strategische Konzerneinkauf für die Optimierung der Lieferantenportfolios verantwortlich.

Zu den Aufgaben der Öffentlichkeitsarbeit gehört die Mitarbeiterzeitung, Public Relations und die Presse-Arbeit.

In der Abb. 19 ist ein Organigramm des Unternehmensbereich Fliesen dargestellt.

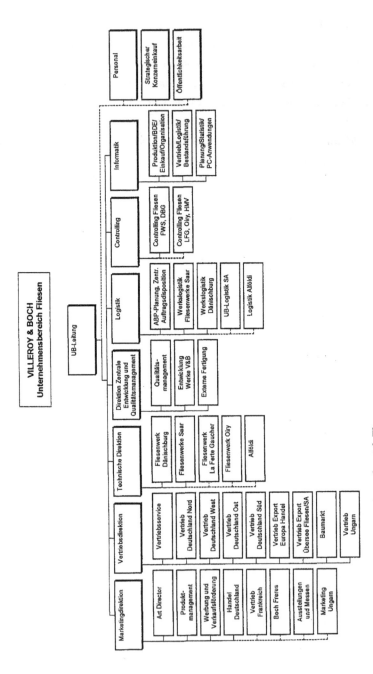

Abb. 19: *Organigramm des Unternehmensbereich Fliesen*

4.2   Bisheriges Benchmarking bei Villeroy & Boch

Benchmarking existierte bei Villeroy & Boch bisher nicht als ständige Institution, sondern war anlaß-orientiert und sporadisch. Es existierten keine strategischen Suchfelder. Benchmarking war bisher „Chefsache", d.h. Technische Direktion und Controlling führten Benchmarking durch. Dadurch konnten nicht alle Benchmarking-Themen abgearbeitet werden. Nur die brennendsten Thema wurden aufgegriffen. Eine Team-Struktur war bis dahin noch nicht entwickelt und implementiert worden.

Darüberhinaus war für Datenerhebungen sehr viel Zeit notwendig, weil nur eine relativ grobe und unvollständige Datenbasis zur Verfügung stand. Zeit zur Prüfung und Validierung der Daten war kaum vorhanden.

Außerdem war die Anschubwirkung zur Entwicklung in Richtung „Best practice" noch gar nicht ausgebaut. „Best practice" ist nur durch kontinuierliches und strukturiertes Benchmarking möglich.

Des weiteren waren die Umsetzungspläne lückenhaft, weil die Aktionen zwar besprochen wurden, aber nicht schriftlich verbindlich festgehalten wurden (Abhilfe durch Formularsatz). Die Benchmarking-Ergebnisse verfügten außerdem nicht über die notwendige Akzeptanz.

4.3   Organisiertes Benchmarking bei Villeroy & Boch

Controlling schlägt zur Durchführung von organisiertem Benchmarking den Aufbau einer internen Teamstruktur vor.

Bei dem strategischen Benchmarking sollten vier verschiedene Teams gebildet werden. Dabei wird zwischen Steingut und glasiertem Steinzeug unterschieden. Innerhalb dieser beiden Gruppen wird nach Produkt-Wertigkeitsgruppen differenziert, nämlich nach Hoch/Medium-Fliesen und Medium/Basis-Fliesen. Die Zuordnung von kompetenten Mitarbeitern zu diesen vier Gruppen übernimmt die Technische Direktion. Weil nicht alle Werke in diesen vier Segmenten aktiv sind, wird eine Trennung nach Werken erfolgen. In dem Team Steingut Hoch/Medium sollten Mitarbeiter aus Dänischburg (DBG) und La Ferté Gaucher (LFG) sein. Dem Team Steingut Medium/Basis sollen Mitarbeiter aus Dänischburg, La Ferté Gaucher, Alföldi (HMV) und Lugoj (LUG, Mondial (Rumänien)) angehören. Das Team Steinzeug glasiert Hoch/Medium soll sich aus Mitarbeitern aus den Fliesenwerken Saar (FWS) und Oiry zusammensetzen, in dem Team Steinzeug glasiert sollen Mitarbeiter aus Oiry und Alföldi zusammenarbeiten. In jedem Team wird ein Controller die Koordination und Moderation übernehmen. In der Tab. 7 ist der beschriebene Zusammenhang noch einmal tabellarisch dargestellt.

Qualität	Erzeugnisgruppe	
	Steingut	Steinzeug glasiert
Hoch/Medium	DBG LFG	FWS OIRY
Medium/Basis	DBG LFG HMV LUG	OIRY HMV

Tab. 7: *Teambildung bei dem strategischen Benchmarking*

Daneben sollten Teams auf Grundlage der Fertigungsstufen Masseaufbereitung und Formgebung, Glasuraufbereitung und Glasierung, Brennbereich, Sortierung und Verpackung sowie Transport - und Puffersysteme gebildet werden. Ergänzt durch ein Team Technische Infrastruktur und Technischen Service erhalten wir die in Abb. 20 dargestellte Teamstruktur.

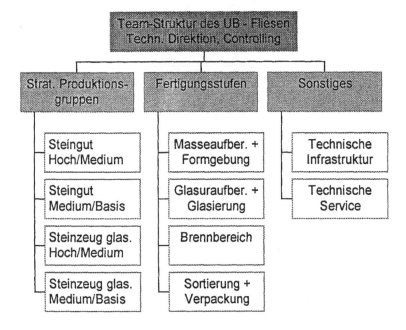

Abb. 20: *Team-Struktur im UB-Fliesen für das Durchführen von Benchmarking*

Zeitlich erste Priorität beruht auf dem internen Benchmarking. Die Mitarbeiter sollen zuerst anhand der eigenen Prozesse lernen, warum produziert man z.B. in Oiry anders als bei uns. Dabei ist das „Warum" entscheidend.

Der firmenspezifische Benchmarking-Prozeß bei Villeroy & Boch gliedert sich in 7 Phasen. Zuerst erfolgt die Vorab-Analyse zur Definition der strategischen Suchfelder. Diesen Part übernehmen die Technische Direktion und das Controlling (bei einem BM-Prozeß sind dies etwa 20 Suchfelder). Danach folgt die Team-Bildung und Benennung. Phase 3 ist die Datenbeschaffung mit der Alt- und Neudaten-Erhebung. Anschließend erfolgt pro Benchmarking-Team eine Zerlegung des jeweiligen strategischen Suchfeldes in etwa 70 Sub-

Suchfelder. Danach beginnt ein Zyklus mit BM-Analyse, BM-Beurteilung und BM-Aktivitäten (mit Hilfe des Formularsatzes) zur Umsetzung in Best practice.

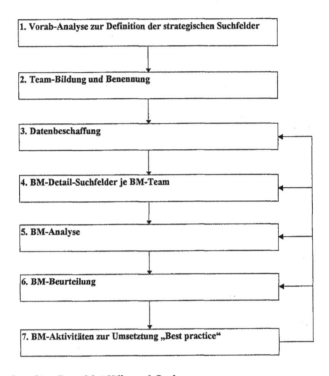

Abb. 21: *Benchmarking-Prozeß bei Villeroy & Boch*

Der Unternehmensbereich Fliesen wird zuerst mit internem Benchmarking anhand des Phasenmodells beginnen. Das interne Benchmarking ist aufgrund der Geschwindigkeit der Verbesserungsmöglichkeiten anfangs wirksamer. Außerdem wird für die Datenerhebung weniger Zeit benötigt und auch die Datenqualität spricht dafür.

Bei Erreichen der Phase 4 im internen Benchmarking sollte nach unserer Auffassung dann das externe Benchmarking parallel beginnen. Das Ziel ist hierbei, Best practice zu erreichen.

Sowohl beim internen als auch beim externen Benchmarking priorisieren wir das Leistungsbenchmarking bei mitlaufender Kostenkalkulation. Ziel bzw. Optimierungsansatz sind dabei die Faktormengen, Produktionszeiten, Instandhaltungsabläufe, Störgrößenminimierung und Verbesserung der Organisationsstrukturen, um nur einige zu nennen. Dieser Tatbestand ist aus dem Grund wichtig, weil wir Produktionsverbesserungen erreichen und nicht über das deutsche Lohnniveau lamentieren wollen.

Die Tab. 8 enthält ein Beispiel zur Verdeutlichung, wie wichtig getrenntes Leistungs- und Kostenbenchmarking ist.

Beispielsweise kann folgende Situation entstehen. Im Kostenbenchmarking ist Objekt 2 das Beste, Objekt 1 Nummer 2 und Objekt 3 das Schlechteste. Beim Leistungsbenchmarking treffen wir jedoch auf eine andere Reihenfolge. Hier ist Objekt 1 Nummer 1, Objekt 3 in der Mitte und Objekt 2 das Schlechteste. Würden wir jetzt nur Kostenbenchmarking oder nur Leistungsbenchmarking betreiben, so könnten wir nicht alle Verbesserungsmöglichkeiten nutzen. Beim Kostenbenchmarking kommt es z.B. oft vor, daß eine Firma aufgrund immens niedriger Lohnkosten Benchmark ist (siehe Ostblock). Dabei kann es aber sein, daß die Leistungsfaktoren weniger gut sind, durch die niedrigen Kosten aber nicht zum Vorschein kommen. Der Sachverhalt ist auch umgekehrt denkbar.

Aufgrund dieser Überlegungen haben wir uns für Leistungsbenchmarking bei mitlaufender Kostenkontrolle entschieden. Dadurch können wir bei Objekt 1 die Leistungsfaktoren betrachten und Objekt 2 aus der Sicht der Kostenfaktoren beobachten. Durch dieses Raster gehen uns keine Informationen verloren.

Benchmarking-Objekte	Leistungsbenchmarking Mengen	Kostenbenchmarking Preis x Menge
Objekt 1	1	2
Objekt 2	3	1
Objekt 3	2	3

Tab. 8: *Beispiel für Leistungs- und Kostenbenchmarking*

4.4 Organisation des notwendigen Datenmaterials für die Benchmarking - Datenbank

Als Hilfsmittel für die Durchführung des Benchmarking-Prozesses dient die Benchmarking-Datenbank, auf die die Mitarbeiter der Technischen Direktion, des Controllings und der o.a. Teams Zugriffsberechtigungen besitzen. Die Neuerfassung, Pflege und Versand der Daten übernimmt das Controlling.

Damit alle Mitarbeiter von der Datenbank profitieren, bedarf es einer sehr zügigen Weiterleitung der erhaltenen Daten an das Controlling. Zudem wird mit der Datenbank ein nicht beabsichtigter Spareffekt erzielt. Das Verschicken der gesammelten Daten an die jeweiligen Mitarbeiter (bisher mehr oder minder beliebige Auswahl) per Post oder Fax entfällt nun.

Nachdem nun die Weiterleitung und Erfassung gesichert ist, bleibt die Frage, wie die einzelnen Mitarbeiter die Daten und Informationen erhalten. Hieraus ergeben sich mehrere Möglichkeiten.

Eine der wichtigsten Informationsquellen sind die Maschinenhersteller der keramischen Industrie. Sie verschaffen den Mitarbeitern von V&B Eintritt in Unternehmen, die man sonst kaum besichtigen könnte. Bei diesen Maschinen (z.B. eine Presse) handelt es sich um Kleinserienproduktionen oder Auftragsfertigungen. Daher sind die Maschinenhersteller auch daran interessiert, ihren Kunden die jeweils neueste und modernste Maschine in einem Referenz-Unternehmen vorzustellen Mit dieser Maschinenbesichtigung kann man dann in der Regel eine Werksbesichtigung verbinden. Dies ist aber von Unternehmen zu Unternehmen unterschiedlich. Ohne die Mithilfe der Maschinenhersteller wäre jedoch eine Besichtigung bestimmter (Wunsch-) Firmen nur in den seltensten Fällen möglich.

Bei Anfrage von Masse- oder Glasurhersteller eröffnen sich Villeroy & Boch möglicherweise auch Besuchsmöglichkeiten (mit den Maschinenherstellern vergleichbar). Für die Firmenbesuche wurde daher in Kapitel 3 ein Checkheft entworfen, mit Hilfe dessen in Zukunft strukturierter Daten gesammelt und erfasst werden können.

Weitere Besuchsgelegenheiten ergeben sich über Messebesuche und andere Kontakte. Auch Beziehungen der einzelnen Mitarbeiter spielen eine wichtige Rolle. Darüberhinaus wird in Zukunft versucht, die Firmenbesuche im Rahmen der gegebenen Möglichkeiten zu lenken, damit auch dort ein strukturierteres Vorgehen stattfinden kann.

Globale Benchmarking-Daten findet ebenfalls Einzug in die Datenbank. In Italien z.B. sammelt ein Beratungsbüro namens Ballarini schon seit einigen Jahren Bilanz- und Gewinn- und Verlustrechnungsdaten. Diese Daten wurden vom Controlling organisiert und in die neue Datenbank eingegeben. Diese Daten sind vor dem Hintergrund der immensen Größe der italienischen Keramikindustrie von großer Bedeutung für Villeroy & Boch.

Aus der Fülle des Datenmaterials erscheint es nun verständlich, daß wir eine möglichst offene, freie und zukunftsorientierte Datenbankstruktur gewählt haben.

5   Zusammenfassung

Die Zielsetzung der Diplomarbeit (incl. Datenbank und Anwenderhandbuch) ist der Anschub eines kontinuierlichen Benchmarking-Prozesses bei V&B. Im zweiten Kapitel habe ich eine wissenschaftliche Einführung in das Thema Benchmarking durchgeführt. Eine bewußt einfache, aber total aufwärtskompatible Datenbank mit dazugehörigen Abfragen zur Datensuche wurde im dritten Kapitel entwickelt.

Notwendige Vorraussetzung war die Analyse der Fliesenproduktion und eines Teils der Besuchsberichte. Die Unterteilung und detaillierte Beschreibung der (Teil-) Prozesse mit ihren direkten und indirekten Leistungsmerkmalen und Zusammenfassung auf einen verallgemeinerten und satzartenübergreifenden dv-technischen BM-Satzaufbau waren besonders zeitintensiv, aber die notwendige Vorraussetzung zur Gewährleistung einer totalen Aufwärtskompatibilität.

Für den Benchmarking-Prozeß wurde mit Hilfe der Datenbank eine dv-technische Plattform entwickelt. Die Daten können in der Datenbank strukturiert und vollständig erfaßt werden. Sie ist zeitlich unabhängig und ermöglicht eine breite Kommunikation.

Die Alt-Daten (bestehende BM-Informationen) und Neu-Daten sind nun erstmalig vollständig in Teil-Prozesse und Leistungsparameter strukturiert worden. Dadurch können sie nun vollständig oder für den praktischen Anwendungsfall noch wichtiger mit definierten Lücken erfaßt werden, da eine vollständige und fehlerfreie Ersterfassung zwar anzustreben, in den meisten Fällen aber unerreichbar ist.

Um dem Ziel einer möglichst ergonomischen und sowohl aus dem situativen Anforderungsprofil als auch den Anforderungen des BM optimalen Datenerhebung näher zu kommen, war die Entwicklung einer Checkliste ein wichtiger Schritt.

Durch das Zusammenwirken von Checkliste und Datenbank wird der BM-Prozeß als solcher sicherer und effizienter.

Um jedoch bis zur Umsetzung in Aktionspläne eine möglichst gesamtheitliche Lösung für den BM-Prozeß zu gewährleisten, war die Entwicklung eines Formularsatzes notwendig.

Strukturierte faktenorientierte Analyse, deren Beurteilung in Form eines Stärken-/Schwächenprofils stattfindet, führt die BM-Teams fast zwangsläufig zu den sinnvollen und wirksamen Aktivitätenplänen.

Durch die Zielsetzung einer strukturierten und kontinuierlichen BM-Anwendung steigt die Anzahl der (z.T. gleichzeitigen) BM-Projektgruppen (4-10) und BM-Prozessanalysen (10-20). Ohne BM-Checklisten, BM-Datenbank und BM-Formularsätze ließe sich eine solche Vielzahl von Projekten und Analysen nicht mehr effizient steuern.

Die Diplomarbeit bietet für die entscheidenden Schritte des BM-Prozesses (vgl. Kapitel 2.5, Abb. 12) die spezifisch sinnvolle Lösung.

In der Tab. 9 sind die erarbeiteten Lösungsansätze bzw. Hilfsmittel für V&B mit einer Zuordnung zu den einzelnen Phasen des Benchmarking-Prozesses aus Kap. 2.5 (Abb. 12) noch einmal übersichtlich aufgeführt.

Benchmarking-Prozeß und Lösungsansätze bzw. Hilfsmittel:

Phasen	Schritte	Lösungsansätze bzw. Hilfsmittel	
PLANUNG	1. Bestimmen Sie, was einem BM-Prozeß unterzogen werden soll	Definition der Teilprozesse , Leistungsparameter	B M - D A T E N B A N K
PLANUNG	2. Identifizieren Sie vergleichbare Unternehmen	a) Werke FWS, DBG, LFG, Oiry, HMV (internes BM) b) 180 italienische Unternehmen mit GuV u. Bilanz, z.T. Besuchsberichte (externes BM)	
PLANUNG	3. Legen Sie die Methode der Datenzusammenstellung fest und sammeln Sie die Daten	Checkliste	
ANALYSE	4. Best. Sie die akt. Leistungslücke		
ANALYSE	5. Schätzen Sie die zukünftige Leistungsfähigkeit		
INTEGRA-TION	6. Kommunizieren Sie die Ergebnisse der BM-Studie und gewinnen Sie Akzeptanz	Formularsatz zur Analyse, Beurteilung und Aktionspläne	
INTEGRA-TION	7. Stellen Sie funkt. Ziele auf		
AKTION	8. Entwickeln Sie Aktionspläne		
AKTION	9. Führen Sie gezielte Aktionen durch u. beobachten Sie den Fortschritt	Umsetzung durch Mitarbeiter von V&B	
AKTION	10. Nehmen Sie Anpassungen vor	"	

Tab. 9: *Lösungsansätze bzw. Hilfsmittel (bei V&B)*

LITERATURVERZEICHNIS

BBK93   Bendell, T./ Boulter, L. /Kelly, J.: Benchmarking for competitive Advantage,
             London, 1993, S. 244-246

BGR94   Bichler, K. / Gerster, W. / Reuter, R. : Logistik-Controlling mit Benchmarking,
             Wiesbaden, 1994

Bur93   Burckhardt, W.: Bechmarking: Wettbewerbsorientierte Analyse, Planung und
             Umsetzung, in: Scheer, A.W. (Hrsg.): Rechnungswesen und EDV, 14.
             Saarbrücker Arbeitstagung: Controlling bei fließenden Unternehmensstrukturen,
             Heidelberg, 1993, S. 225-243

Cam89   Camp, R.C.: Benchmarking: The Search for Industry Best Practices that Lead
             to Superior Perfomance, Milwaukee, Wisconsin, 1989

CK94   Webster`s New 20th Century Unabridged Ditionary, in: Chang, R.Y/ Kelly,
             P.K.: Improving Through Benchmarking, Irvine (USA), 1994, S. 1

Cod70   Codd, E.F.: A relational model for large shared data banks, Communications of
             the ACM 13(6), 1970, S. 377-387

Elm64   Elmaghraby, S.E.: An algebra for the analysis of generalized activity networks,
             Management Science, 10, 1964, S. 494-514

Fis96   Fischer, Marc: Controlling im Wandel der Zeit - Zukünftige Herausforderungen
             aus der Sicht des Unternehmensberaters, in: Kostenrechnungspraxis, 40. Jg.,
             1996, H. 4, S. 193-196.

Han96   Hanser, P.: Benchmarking: Von den Besten lernen, in: absatzwirtschaft, 2/1996,
             S. 32-41

HB92   Heinrich, L.J. / Burgholzer, P.: Informationsmanagement, 4. Auflage, München,
              1992

HH92   Horváth, P./ Herter, R.: Benchmarking: Vergleich mit den Besten der Besten,
              in: Controlling, Heft 1, Jan./Feb. 1992, S. 4-11

Hor85   Horton, F.W.: Information Resource Managementin Public Administration: A
              decade of progress, Aslib Proceedings, 37 (1985) 1, S. 9-17

KL95   Küting, K.-H./ Lorson, P.: Grundlagen des Benchmarking, in: Betrieb und
              Wirtschaft, 3/1995, S. 73-79

Küp92   Küpper, H.-U.: Anforderungen der Kostenrechnung an moderne Unternehmens-
              strukturen, in: Männel, W.:   Handbuch Kostenrechnung, Wiesbaden 1992,

LMc93   Leibfried, C.J./ McNair, K.H.J.: Benchmarking: Von der Konkurrenz lernen, die
              Konkurrenz überholen, Freiburg, 1993

Sch94   Scheer, A.-W.: Wirtschaftsinformatik: Referenzmodelle für industrielle
              Geschäftsprozesse, Saarbrücken, 1994, S. 64, S. 690-733

Sch96a   Schmidt, G.: Informationsmanagement: Modelle, Methoden, Techniken,
              Saarbrücken, 1996, S. 1-7, S. 11

Sch96b   Schmidt, G.: Scheduling models for workflow management, 1996,
              unveröffentliches Manuskript

V&B91   Villeroy & Boch: Ein Unternehmen im Spiegel der europäischen
              Kulturgeschichte, Ausgabe 9/1991, S. 4 ff.

V&B95   Villeroy & Boch: Geschäftsbericht über das Geschäftsjahr 1995

Wat93   Watson, G.H.: Strategic Benchmarking: How to rate your company`s best
              performance against the world`s best, New York, 1993, S.20-21

Zie93   Ziegenbein, K.: Controlling, Stuttgart, 1993, S. 21, S. 50

Hilfsmittel

Hardware:

- COMPAQ Pro Linea 4/66

- Hewlett Packard Desk Jet 550 C

- Brother HL-10 V Laser printer

- Canon Farbkopierer

Software:

- MS Word 6.0

- MS Access 2.0

- MS Excel 5.0

- MS Powerpoint 4.0

ANHANG

ANHANG A: Besuchsbericht

UB. Fliesen   **GF.Kern**   **Besuchsbericht**

Teilnehmer von V&B	Herr Schmidt, Frau Bernardy, Herr Fröhlich
Gesprächspartner	Herr Oehm
Besuchstag	05.09.1996
Besuchsdauer	eine Stunde Besichtigung mit anschließender Besprechung
	(30 Minuten)
Name des Unternehmens	Villeroy & Boch
Gesellschaftsform	Konzern und Aktiengesellschaft
Umsatz des U.	1995: 1482,8 Mio DM (im Konzern), 951,5 Mio DM in der AG
Produktionspalette	Fliesen, Sanitär, Tischkultur
Produktionsstandorte	mehrere Produktionsstandorte in Europa
Organisation vor Ort	alle organisatorischen Bereiche vor Ort; Entwicklung und
	Forschung z.T. vor Ort, z.T. an anderen V&B-Standorten.

1. Einleitung

Wir haben bei unserem Besuch das Werk 6 in der Mosaikfabrik in Mettlach/Saarland besichtigt. Hier werden Steinzeugfliesen Kleinformate produziert, die geklebt und lose verkauft werden. Die Fliesen werden im Einbrandverfahren hergestellt.

Im Werk 6 können monatlich 100.000 m² Kleinformate produziert werden (50.000 m² pro Ofen). (Absatzschwierigkeiten wurden erwähnt).

2. Personalsituation

Im Werk 6 sind zur Zeit etwa 60 Personen beschäftigt. Die meisten Mitarbeiter (außer Ofenbereich) arbeiten im 2 Schichten-Rhythmus mit 5 Arbeitstagen die Woche. Die beiden Öfen laufen 7 Tage 24 Stunden, die rund um die Uhr beaufsichtigt werden müssen. Um dies zu gewährleisten sind 5 Mitarbeiter/Monat im Ofenbereich tätig. Durch einen Pufferbahnhof wird die durchgehende Versorgung der Öfen mit Fliesen erreicht.

3. Masseaufbereitung

Die Masseaufbereitung wurde von uns aus Zeitmangel nicht besucht. In Mettlach wird die gesamte Masse für die beiden Produktionsstandorte Mettlach und Merzig mit ihren verschiedenen Werken zentral aufbereitet. Von dort wird sie zu den einzelnen Produktionsstätten durch LKW oder in Mettlach (Werk 6) durch Förderbänder in Silos zur Presse transportiert (etwa 200 m). Es wurde uns lediglich mitgeteilt, daß die Rohstoffe aus unterschiedlichen Gegenden Europas stammen.

4. Pressenbereich

Im besichtigten Werk stehen 4 Pressen der Firma Sacmi PH 980. Bei der Besichtigung haben wir den Preßvorgang der 10x10 Formate (Fliesenstärke etwa 6 mm) gesehen. Hier haben wir eine Hubzahl zwischen 10-12 Hub pro Minute gezählt. Zum Einsatz kam hier eine 18-Loch Preßform. Die Pressen werden pro Schicht von einer Person beaufsichtigt. Bevor die gepreßten Fliesen zur Glasierstraße gelangen, durchlaufen sie einen kleinen Horizontaltrockner.

5. Glasierung

Im Werk 6 sind 4 Glasierstraßen vorhanden. Die besichtigte Glasierstraße (10x10) transportiert die Fliesen auf zwei Förderbändern zu den jeweiligen Applikationsanlagen. Die Glasierstraßen haben eine Länge von 40 - 120 m, je nach Anzahl der Applikationen. Auf der besichtigten Glasierstraße können bis zu 24 Applikationen durchgeführt werden, was auf eine hohe Artikelvielfalt schließen läßt. Bei der besichtigten Produktion wurden 6 Applikationen verwendet. Hier wurde dreimal ein Rotocolor eingesetzt, der von je einer Person beaufsichtigt wurde. Des weiteren wurden die Applikationsmöglichkeiten Kaskade, Engobe und Trockenglasur auftragen eingesetzt.

6. Trocknung und Transport der Fliesen zum Ofen

Danach werden die Fliesen horizontal in einem Rollentrockner (keramische Rollen) der Firma Siti über 35 m getrocknet. Durch die strengen Umweltgesetze in Deutschland muß die Abluft in einem Filter ständig gereinigt werden. Die Fliesen gelangen dann auf Gitterrosten in einen Transportwagen (24 Gitterroste/Wagen und 144 Fliesen pro Gitterrost) und werden in den Pufferbahnhof (6 Straßen mit einer Länge von etwa 60m) vor dem Ofen transportiert. Dieser Prozeß läuft vollautomatisch ab. Er wird von einer Person beaufsichtigt. Bei unserer

Besichtigung war der Bahnhof ziemlich leer, weil einen Tag zuvor ein Produktionsausfall zu verzeichnen war.

7. Brennbereich

Zum Brennen der Fliesen sind im Werk 6 2 Öfen der Firma Siti aufgestellt. Die Öfen werden mit Gas beheizt. Mit einer Temperatur von 780°C - 1400°C können die Fliesen hier gebrannt werden. Bei unserem Besuch wurde mit 1150°C gebrannt. Die Ofenlänge beträgt etwa 40 m, die Breite etwa 1,50 m, von der etwa 1,20 genutzt werden kann (Zwischenräume zwischen den Fliesen). Für einen Umlauf einer Fliese vom Pufferbahnhof durch den Ofen bis zu den Sortierstraßen werden 90 Minuten benötigt, von denen 45-50 Minuten die Fliese im Ofen verbringt. Zum Brennen werden die Fliesen auf keramische Brennhilfsmittel (Unterlagsplatten) gelegt (zusätzliche Kosten). Diese werden unten mit Wärmedämmmaterial verkleidet. Dieses Material nimmt wenig Wärme auf, so daß damit auch wenig Wärmeenergie verloren geht.

8. Sortierung

Mit Hilfe der Speicherwagen (oben beschrieben) werden die Fliesen zu den Sortieranlagen transportiert. Durch Saugmaschinen werden die Fliesen von den Gitterrosten auf die Fließbänder der Sortieranlage gesetzt. An der Sortier- und Verpackanlage sind 7 Mitarbeiter pro Schicht beschäftigt, die alle Qualitätskontrollen durchführen.

Klebung:

Nach der Sortierung werden die Fliesen vollautomatisch gedreht, mit Netzpapier und Leim geklebt, gestapelt und in Kartons verpackt. Zusätzliche Kosten fallen hier beim Kleben für die Hilfsstoffe an.

9. Verpackung und Lagerung

Die Formate 5x5 werden in Kartons zu 1 m², die Formate 10x10 zu 1,5 m² verpackt.
Die Kartons werden vollautomatisch auf Paletten gestapelt und von dort mit Staplern in das Fertigwarenlager transportiert.

ANHANG B: Checkheft

NOTIZBLOCK

Gesprächspartner	
Produktionsbereich	
besichtigtes Werk	
Verkehrsanbindung	
Energieversorgung	
Fabrikform	
Formate	
Produktionsmenge	
Mitarbeiterzahl	
Verkaufspreise der Fliesen	
Produziert U. Fliesen für andere U.	
Absatzmärkte	

Allgemeine Daten   S. 2

zentrale Masseaufbereitung	
eigene Grubenbetriebe	
Rohstoffe zur Masseaufbereitung	
Herkunft der Rohstoffe	
Transportfirma	
Preis der Rohstoffe	
Kosten/Tonne Masse	
Hersteller u. Volumen der Mühlen	
Innenverkleidung der Mühlen	
Tageskapazität der Mühlen	
Herst. u. Volumen der Sprühtürme	
t Fertigmasse pro h	
Massebevorratung	

Masseaufbereitung 1   S. 3

Fassungsverm. Massebevorratung	
Mitarbeiter Masseaufbereitung	
Schichtrhythmus	
Transport Masse zur Presse	

Masseaufbereitung 2

eigene Glasuraufbereitung	
Mühlen in der Glasuraufbereitung	
Hersteller u. Volumen der Mühlen	
Auskleidung der Mühlen	
Rohstoffe für Glasur oder Paste	
Verarbeitung der Glasur	
Mitarbeiter Glasuraufbereitung	
eigene Pastenaufbereitung	
eigene Siebherstellung	
eigene Rotocolorherstellung	
Transport Glasur - Glasierung	

Glasuraufbereitung   S. 5

Transport Masse zur Formgebung	
Pressfeuchte der Masse	
Herst. u. Typ der Formgebung	
Hubzahl/Minute	
Anzahl Formlöcher	
Nutzbreite in mm	
Scherbenfarbe; Fliesenstärke	
Formenmaterial	
Herstellerfirma Trockner	
Zufuhr zum Trockner	
Anzahl Mitarbeiter Formgebung	
Transport Formgebung-Glasierung	

Formgebung

S. 6

Hersteller Glasierlinien	
Typ und Länge	
Applikationsmöglichkeiten	
Applikationsaggregate	
Hersteller Applikationsaggregate	
Qualitätssicherung ?	
überglasierte Kanten	
Trocknerart	
Firma u. Typ des Trockners	
Länge bzw. Höhe des Trockners	

Glasierung   S. 7

Transport Glasierung - Ofen	
Pufferbahnhof: Größe, Aussehen	
Herst. und Typ des Ofens	
Durchlaufzeit im Ofen	
Wie werden die Fliesen gebrannt ?	
Energie des Ofens (E.verbrauch)	
Ofenlänge bzw. -breite, Nutzbreite	
Abstand zwischen den Fliesen im O	
Rollendaten, Brennhilfsmittel	
Mitarbeiter Ofenbereich	
Speichersystem: Fabrikat, System	
Stundenanzahl und Typ des Sp.	
Ofensteuerung	

Brennbereich   S. 8

Transport Ofen - Sortierung	
Art der Sortierung	
Schichtrhythmus	
Mitarbeiter Sortierung	
Hersteller der Sortieranlagen	
Typ und St./min der Sort.anlage	
Sortierqualitäten	
Linien- oder Flächensortierung	
Ausschußerkennung : wie ?	
Ausschuß in %	

Sortierung S. 9

Mitarbeiter Verpackung	
Schrumpfen: Firma, Folie, Typ	
Mitarbeiter Schrumpfen	
Verpackung: Aussehen	
Verpackungsanlage: Firma, Typ	
m² pro Paket; Kartons pro Stunde	
Palettierer: Firma, Typ	
Mitarbeiter Palettieranlage	
Transport zum Lager	
Transportweg	

Verpackung

Mitarbeiter Kleben	
geklebtes Format	
Klebepapier	
Aussehen des Papiers	
Leim zum Kleben	
vorderseitige Klebung	
rückseitige Klebung	

Klebung   S. 11

Gesamtmitarbeiter Lager	
Schichtrhythmus	
Zentrallager	
Lagersystem: Firma, Typ	
Hallen- oder Freilager	
Aussehen der Lagerhalle	
Kapazität, Lagerbestand	
Lagerproduktion	
Tarifverträge	
Krankenstand, Urlaubsregelung	
Enlohnungssystem(Zeitlohn etc.)	
Personalkosten	

Lager und Personal   S. 12

Recycling: wo, was ?	
Umweltschutzbestimmungen	
Fluorabscheider	
eigene Mülldeponie	
eigene Kläranlage	
Kosten Klärschlammentsorgung	
Kosten/Tonne Klärschlamm	
Kosten für externe Deponie	
Bruchanteil im Masseversatz	
Kraft-Wärme-Kopplung	
Verkauf überschüssiger Energie ?	
Umweltmanagement (ISO 14000)	

Umwelt

Qualitätsmanagement (ISO 9000)	
Eigene Werkstätten	
Externe Ressourcen für Instandh.	
eigene Pförtner	
Sozialeinrichtungen	
Aus- u. Weiterbildung	
eigene EDV-Abteilung ?	
Transp.abwicklung: eigene LKW	
eigene Designerabteilung	

Sonstiges

Notizen   **S. 15**

ANHANG C: Formularsatz

(Muster zum Ausfüllen)

UB. FLIESEN BENCHMARKING - ANALYSE

Projekt: *MUSTER*

Statusdatum:

#	Deskriptoren, Vergleichsgrößen	Objekt 1	Objekt 2	Objekt 3	Objekt 4

Kopie: Frau/Herren : NN,NN,NN,NN

UB.Fliesen - Benchmarking - BMMUSDA.XLS - Analyse - 15.12. 1996 - 18:43

#	Vergleichsgrößen, Konklusionen	BM-Objekt	Stärken	Schwächen

UB. FLIESEN BENCHMARKING- BEURTEILUN

Projekt: *MUSTER*

Statusdatum:

Kopie: Frau/Herren : NN,NN,NN,NN

UB. Fliesen - Benchmarking - BMMUSDA.XLS - Beurteilung - 15.12. 1996 - 18:44

UB. FLIESEN BENCHMARKING - AKTIVITÄTENPLAN

Statusdatum:

Projekt: *MUSTER*

#	Ziele / Aktivitäten-Beschreibung	Timing	Verantwortlich	Voraussetzungen	Auswirkungen / Erfolgsindikatoren

Kopie: Frau/Herren : NN,NN,NN,NN

UB.Fliesen - Benchmarking - BMMUSDA.XLS - Umsetzung - 15.12. 1996 - 18:44

ANHANG D: Benutzerhandbuch zur Benchmarking-Datenbank

ANWENDUNGSHAND - BUCH ZUR BENCHMARKING - DATENBANK

VERSION 1.0

VILLEROY & BOCH AG

UB - FLIESEN

CONTROLLING

Stand: 17.12. 1996

INHALTSVERZEICHNIS

ABBILDUNGSVERZEICHNIS

TABELLENVERZEICHNIS

1.   EINFÜHRUNG IN DAS THEMA BENCHMARKING

Was ist Benchmarking ?

Benchmarking ist ein kontinuierlicher Prozeß, bei dem Produkte, Dienstleistungen und insbesondere Prozesse und Methoden betrieblicher Funktionen über mehrere Unternehmen hinweg verglichen werden.

Dabei sollen die Unterschiede zu anderen Unternehmen offengelegt, die Ursachen für die Unterschiede und Möglichkeiten zur Verbesserung aufgezeigt sowie wettbewerbsorientierte Zielvorgaben ermittelt werden. Benchmarking ist somit weitaus mehr als nur

- Reverse product engineering
- Konkurrenzanalyse
- die Vorgabe von marktorientierten Kostenzielen   oder
- Produktimitation.

Heute nimmt Benchmarking einen immer wichtigeren Platz unter den Managementtechniken ein. Die flexiblen Einsatzmöglichkeiten des Benchmarking als Werkzeug, um Optimierungsmöglichkeiten von Geschäftsprozessen aufzuzeigen bis hin zur Entscheidungsunterstützung bei Fragen der strategischen Ausrichtung von Unternehmen machen diese Methode so erfolgreich. Nach letzten Umfragen erkennen die meisten Topmanager Wettbewerbspotentiale durch den Einsatz des Benchmarking, aber die praktische Umsetzung bereitet insbesondere in mittelständischen Unternehmen noch Schwierigkeiten.

Benchmarking ist durch das systematische Suchen nach rationellen Vorgehensweisen und besseren Lösungen für detaillierte Problemfelder und Prozesse außerhalb der „eigenen Welt" bzw. der eigenen Branche gekennzeichnet. Nicht die Unterschiede zu Anderen sind beim Benchmarking der Schwerpunkt der Untersuchung, sondern die gezielte Identifikation der besten Praktiken, mit denen überdurchschnittliche Wettbewerbsvorteile zu erreichen sind. Benchmarking ist entscheidend durch die Frage gekennzeichnet: „**Warum machen es Andere besser**"? Der Beweis der Durchführbarkeit neuer Ideen durch ihre tägliche Anwendung in anderen Unternehmen und die damit verbundene Motivation der eigenen Mitarbeiter ist ein Vorteil des Benchmarkings. Erst der Blick über den eigenen Tellerrand ermöglicht Leistungssprünge um Größenordnungen.

Bevor man Benchmarking erfolgreich einsetzen kann, müssen im Unternehmen grundlegende Vorraussetzungen geschaffen werden. Benchmarking muß ein integriertes Element der Geschäftsplanung sein. Die Kundenorientierung muß dabei im Vordergrund stehen. Vor dem Beginn der Benchmarking-Untersuchung muß feststehen, **daß der Wandel**

auch wirklich gewollt ist und die Ergebnisse akzeptiert werden. Darüberhinaus müssen die Mitglieder des Benchmarking-Teams den untersuchten Prozeß kennen.

Benchmarking darf jedoch nicht als das neue Wundermittel zur Steigerung der eigenen Wettbewerbsfähigkeit verstanden werden. Das Neue des Benchmarking liegt im branchenübergreifenden Vergleich mit den Besten und dem Setzen von Maßstäben für das eigene Unternehmen. Die Vorgehensweise des Benchmarking bringt durch **eine konsequente, ganzheitliche und kontinuierliche Anwendung** den gewünschten Erfolg.

Der Benchmarking-Prozeß

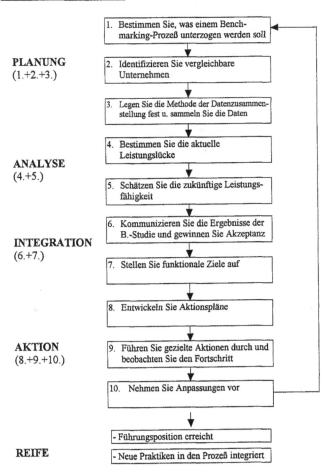

Abb. 1: *Der Benchmarking-Prozeß*

2.   DIE BENCHMARKING - DATENBANK

Die Benchmarking-Datenbank liegt nun in der Version 1.0 vor. Bei Villeroy & Boch ist es die erste Datenbank, die speziell für den Benchmarking-Prozeß konzipiert wurde. Die Datenbank übernimmt in dem Prozeß die Funktion der Datenbereitstellung, sie „macht" jedoch kein Benchmarking.

Konkurrenzdaten liegen bei V&B in den unterschiedlichsten Ausprägungen vor. Diese Tatsache erschwert natürlich die Durchführung von Benchmarking, weil der größte Teil der Zeit auf die Zusammenstellung der Daten entfällt. Um diesen Zeitaufwand zu verringern, wurde diese Datenbank geschaffen.

Die Datenbank stützt sich dabei im Wesentlichen auf die Fertigungsstufen des Produktionsprozesses Fliesenfertigung (vereinfacht: Masseaufbereitung - Glasuraufbereitung - Formgebung - Glasierung - Brennbereiche - Sortieren - Weiterverarbeitung -. Verpacken - Lagern). Wir haben uns dabei u.a. an den bereits in der Vergangenheit verfassten Besuchsberichten orientiert. Bei der Analyse des Fliesenprozesses und dieser Berichte ist uns sogleich aufgefallen, daß die Berichte in dieser Form (Aufbau und Inhalt) für die Datenbank nur von geringem Wert sind. Darüberhinaus werden die Informationspotentiale von Konkurrenzbesuchen bei weitem nicht optimal ausgenutzt.

Die bisherigen Besuchsberichte verfügen in der Regel über keinen strukturierten Aufbau. Jeder Besuchsbericht ist ein Unicum. Zu dem vollständig fehlenden formalen Aufbau gesellt sich fehlende Motivation und inhaltliche Unvollständigkeit. Die Weitergabe von Informationen, selbst wenn der Besucher sie vor Ort erhalten hat, findet V&B intern nur in sehr begrenztem Maße statt. Um diesen Sachverhalt zu entschärfen und die Motivation der Teilnehmer zu erhöhen, haben wir mit Hilfe von Prototyping die nun vorliegende erste Version eines strukturierten und informationstechnisch weiterverarbeitbaren Fragenkatalogs entworfen.

Der Fragenkatalog ist zum größten Teil das Ergebnis controllinginterner Arbeit. Wir erheben daher auch keinen Anspruch auf Vollständigkeit und Fehlerfreiheit. Wir bitten jedoch um ständige Verbesserungsvorschläge. Die Verbesserungsvorschläge können im UB-Controlling eingereicht werden. Dort werden die Verbesserungsvorschläge informationstechnisch und systematisch gesammelt und beim nächsten Versionswechsel (der nächste Releasewechsel ist für März 1997 vorgesehen) der Benchmarking-Datenbank eingearbeitet.

Ansprechpartner: St. Kuhn, Tel. 2209 oder R. Schmitt, Tel. 2849; Fax 2639

Wir möchten mit diesem Fragenkatalog jeden Mitarbeiter motivieren. Überdies sind wir uns auch im Klaren, daß der Fragenkatalog nicht durch einen Firmenbesuch komplett abgearbeitet werden kann. Dies ist aufgrund der Informationsfülle und der nicht zu jeder Zeit gegebenen Informationsbereitschaft des besuchten Unternehmens der Fall. Ein weiterer Vorteil unserer Datenbankstrukturierung ist, daß z.b. bei einem Besuch einer Masseaufbereitung ein Datensatz der Datensatzart Masseaufbereitung in die Datenbank aufgenommen werden kann. Es sollen und müssen daher keine vollständigen Firmenbesuche stattfinden und dokumentiert werden. Viele Einzel-Informationen, die zunächst wie ein übergroßes Puzzel aussehen, ergeben nach strukturierter Zusammenführung ein detailliertes, klares Mosaik.

Jeder Mitarbeiter kann aber auch selbst von der Datenbank profitieren. Die Datenbank spiegelt nicht die Informationen eines einzelnen Mitarbeiters, sondern des Unternehmensbereiches Fliesen wider. Durch ständige Pflege und Erweiterung der Datenbank versuchen wir alle Mitarbeiter kontinuierlich mit den neuesten Informationen zu versorgen. Um diesem Ziel nachkommen zu können, zielen wir auf ihre tatkräftige Unterstützung. Darüberhinaus kann die Datenbank als einmaliges Nachschlagewerk zur schnellen Informationsbesorgung dienen (z.B. Wurde Firma X bereits besucht ? Welche Presse setzt Firma Y in der Produktion bei hochwertigem Steinzeug ein ? etc.).

Wir haben den Fragenkatalog anlehnend an die Fertigungsstufen bei V&B in folgende Punkte gegliedert: (Diese vorläufige Gliederung kann bei jedem Versions-Wechsel erweitert werden)

• Stammdaten

• Allgemeine Daten zum Werksbesuch

• Masseaufbereitung

• Glasuraufbereitung

• Formgebung

• Glasierung

• Brennbereich

• Sortieren

• Verpacken

• Weiterverarbeitung (Klebung)

• Lagern

• Personal (Zusammenfassung)

• Umweltfaktoren

- Sonstige Prozessdaten

- Wirtschaftlichkeitsdaten1 und 2 (z.B. von Studio Ballarini: Bilanzen und GuV)

- Externe Daten

- Sonstiges

Auf den folgenden Seiten sind die Gliederungspunkte mit ihren jeweiligen Ausprägungen dargestellt.

SATZART STAMMDATEN	
1	Datensatz-Nr.
2	Datensatzart
3	Firmenname
4	Stichwort
5	Gesprächspartner (Adresse, Tel., Fax)
6	Region, Land
7	genaue Standortbeschreibung
8	Hauptsitz
9	Über welche Abteilungen verfügt das Unternehmen (in der Zentrale) ?
10	Gesellschaftsform
11	Produktionsstandorte des Unternehmens
12	Umsatz des Unternehmens mit Jahresangabe in Mio. und jeweiliger Währung
13	Sind weitere Investitionen geplant?
14	wenn ja: wo und wie hoch sind die Investitionen ?
15	Exportanteil in %
16	Exportländer (Wohin wird exportiert ? mit Quoten)
17	Produktpalette des Unternehmens und jeweiliger Anteil am Gesamtumsatz
18	Anteilseigner am Unternehmen (Name mit %-Angabe) Angabe in %
19	Besitzt U. Tochterfirmen? wenn ja: wie groß ist die Beteiligung? bei nein:0
20	Gehört die Firma selbst zu einem Mutterunternehmen ? wenn ja: zu wieviel Prozent? bei nein:0
21	zusätzliche Erläuterungen

Tab. 1: *Stammdaten*

SATZART ALLGEMEINE DATEN ZUM WERKSBESUCH

1	Datensatz-Nr.
2	Datensatzart
3	Firmenname
4	Stichwort
5	Wann wurde die Firma besichtigt ?
6	Besuchszeit von: bis:
7	Teilnehmer von V&B (Funktion bei V&B, Adresse, Tel., Fax)
8	Gesprächspartner (Adresse, Tel., Fax)
9	besichtigter Standort der Firma (Ortsname)
10	Welche Bereiche der Produktion wurden besichtigt ?
11	Welche Bereiche der Produktion wurden nicht besichtigt ?
12	Warum wurden diese Bereiche nicht besichtigt ? (vergessen; versteckt (keine Gelegenheit); verboten(keine Chance, trotz Versuch)
13	besichtigtes Werk
14	Lage der Firma (geographisch; z.b. an einem Fluß; in einer Ebene etc.)
15	politisches Umfeld (Bewertung: gut, mittel, schwierig)
16	Verkehrsanbindung (z.b. AB-Anschluß, eigener Hafen, Eisenbahnanschluß)
17	Energieversorgung (Wo bezieht U. seine Energie?; Art der Energie; eigene Energieerzeugung: wie?)
18	Größe der Fabrik (bebaute Grundfläche) in m²
19	Form und Aufbau der Fabrik (z.b. rechteckig 400x200m; linienförmige Produktion)
20	Wie ist die Wertigkeit der Fliesen im Vergleich zu V&B einzuschätzen? (hochwertig, .etc...)
21	Art der Fliesen und eingesetzte Technik (Steinzeug: Einbrand)
22	Welche Formate werden hier produziert ?; Wie viele m² pro Format werden produziert ?
23	Sind weitere Formate geplant?
24	Modulformate (ja/nein) (Größe der Fliesen in 10er Sprüngen)
25	gesamte Produktionsmenge/Jahr aller Fliesen am Standort in Tm²
26	Gesamtanzahl der Mitarbeiter am besichtigten Standort
27	Mitarbeiter: Produktion - Handwerker - Administration (Kosten/MA)
28	m² pro Mitarbeiter und Jahr
29	Verkaufspreise der Fliesen pro m² und Format
30	Unter welchem Namen wird die Produktion verkauft?
31	Produziert U. Fliesen für andere U. (wenn ja: für wen, wieviel m² zu welchem Preis)
32	Auf welchen Absatzmärkten werden die Fliesen abgesetzt?
33	zusätzliche Erläuterungen

Tab. 2: *Allgemeine Daten zum Werksbesuch*

SATZART MASSEAUFBEREITUNG

1	Datensatz-Nr.
2	Datensatzart
3	Firmenname
4	Stichwort
5	Wann wurde die Firma besichtigt ?
6	Besuchszeit von: bis:
7	Teilnehmer von V&B (Adresse, Tel., Fax)
8	Gesprächspartner (Adresse, Tel., Fax)
9	besichtigter Standort der Firma (Ortsname)
10	Besitzt U. eine eigene oder zentrale Masseaufbereitung ? wenn zentral: wo ist die zentrale Masseaufbereitung?
11	Wenn eigene Masseaufbereitung: Besitzt U. eigene Grubenbetriebe?
12	Welche Rohstoffe werden zur Masseaufbereitung eingesetzt ?
13	Woher stammen die jeweiligen Rohstoffe?
14	Wie (Transportart und Transportfirma) und in welcher Form (Korngröße) gelangen sie zum U. ?
15	Zu welchem Preis werden Rohstoffe zugekauft? mit Währungsangabe
16	Wenn Zukauf von Masse: welche Firma produziert und liefert die Masse ?
17	Kosten/Tonne Masse (Eigenherstellung oder Zukauf)?
18	Wie wird Masse zum U. transportiert und in welcher Form ?
19	Mühlenart, Anzahl, Hersteller und Volumen der Mühlen
20	Welche Vermahlung ? (Integral oder konventionell)
21	Wie ist die Innenverkleidung (und Mahlsteine) der Mühlen ?
22	Rohstoffbeschickung: wie? (direkt oder indirekt)
23	Tageskapazität der Mühlen in Tonnen
24	Welche Auflöser werden verwendet?
25	Sprühturmart, Hersteller und Volumen der Sprühtürme
26	Wie viele t Fertigmasse können pro h produziert werden ?
27	Reinigungszeit h/Woche (der Sprühtürme)
28	Wie erfolgt die Massebevorratung?
29	Fassungsvermögen Massebervorratung in Tonnen
30	Was wird recycelt ? Wie groß ist der Anteil recycelter Ware in der Masse? in %
31	Gesamtmitarbeiter in der Masseaufbereitung
32	Arbeitstage/Woche und Schichten/Woche
33	Wie geschieht der Transport der Masse zur Presse ?
34	zusätzliche Erläuterungen

Tab. 3: *Masseaufbereitung*

SATZART GLASURAUFBEREITUNG
1 Datensatz-Nr.
2 Datensatzart
3 Firmenname
4 Stichwort
5 Wann wurde die Firma besichtigt ?
6 Besuchszeit von: bis:
7 Teilnehmer von V&B (Adresse, Tel., Fax)
8 Gesprächspartner (Adresse, Tel., Fax)
9 besichtigter Standort der Firma (Ortsname)
10 eigene Glasuraufbereitung ? wenn nein: wer produziert und liefert(zu welchem Preis in der jeweiligen Währung) Glasur dem Unternehmen?
11 Welche Mühlen werden in der Glasuraufbereitung eingesetzt?
12 Hersteller der Mühlen?
13 Volumen der Mühlen? in Tonnen
14 Wie ist die Auskleidung der Mühlen ? Welche Mahlsteine bzw. Mahlkörper werden eingesetzt ?
15 Welche Rohstoffe (für Glasur oder Paste) werden eingesetzt?
16 Woher kommen diese Stoffe? (Name der Firma, Land und Preis)
17 Welches Wasser wird eingesetzt? (Trinkwasser oder recyceltes Wasser)
18 Wie wird die Glasur verarbeitet?
19 Erfolgt Glasurrecycling ? wenn ja: Prozentangabe der recycelten Glasur
20 Mitarbeiter Glasuraufbereitung
21 eigene Pastenaufbereitung ? (wenn ja, mit welchen Mühlen ?)
22 wenn nein: von wem werden Pasten zugekauft (mit Preisangabe) ?
23 eigene Sieb- und Rotocolorherstellung? (j/n)
24 wenn ja: Anzahl Mitarbeiter Siebherstellung?
25 Produktionsmenge an Sieben(Rotocolor) pro Tag
26 Standzeit - Siebe ?
27 wenn nein: welche Firma produziert die Siebe ?
28 Werden die Siebe auf Vorrat bestellt?
29 Wie lange dauert ein Neuauftrag von der Bestellaufgabe bis zum Einsatz in dem U. ? in Tagen
30 Wie ist der Transport der Glasur zur Glasierung organisiert ?
31 zusätzliche Erläuterungen

Tab. 4: *Glasuraufbereitung*

SATZART FORMGEBUNG
1 Datensatz-Nr.
2 Datensatzart
3 Firmenname
4 Stichwort
5 Wann wurde die Firma besichtigt ?
6 Besuchszeit von: bis:
7 Teilnehmer von V&B (Adresse, Tel., Fax)
8 Gesprächspartner (Adresse, Tel., Fax)
9 besichtigter Standort der Firma (Ortsname)
10 Art der Formgebung
11 Wie lang ist der Transportweg der Masse bis zur Formgebung (im besichtigten Werk) in m
12 In welcher Form findet der Transport statt ?
13 Welches Format (mit Erzeugnisgruppe) wurde produziert? (folgende Angaben gehören zu diesem Format)
14 Wie hoch ist die Pressfeuchte der Masse ?
15 Anzahl, Hersteller und Typ der Formgebung und Preßkraft der jeweiligen Formgebung (spezieller Preßdruck)
16 Hubzahl/Minute (exakt oder selbst gestoppt)
17 Wie groß ist die Anzahl der Formlöcher ?
18 Nutzbreite in mm
19 wie wird gepreßt ? (negativ oder positiv) (eintretend / aufsetzend ?)
20 Scherbenfarbe
21 Fliesenstärke in mm
22 Wer liefert Formenmaterial ?
23 Existiert ein Trockner nach der Formgebung? wenn ja: Art des Trockners und welche Energie bezieht er ?
24 Herstellerfirma des Trockners mit Typbezeichnung
25 Wie erfolgt die Zufuhr zum Trockner ? (Rollenzuführung, Leitschienen ?)
26 Anzahl Mitarbeiter Formgebung?
27 Arbeitstage/Woche und Schichten/Woche
28 Recycling ?
29 Wie findet der Transport von der Formgebung zur Glasierung statt?
30 Wie lang ist der Transportweg? in m
31 Auf welche Weise findet Qualitätssicherung statt ?
32 zusätzliche Erläuterungen

Tab. 5: *Formgebung*

SATZART GLASIERUNG
1   Datensatz-Nr.
2   Datensatzart
3   Firmenname
4   Stichwort
5   Wann wurde die Firma besichtigt ?
6   Besuchszeit von: bis:
7   Teilnehmer von V&B (Adresse, Tel., Fax)
8   Gesprächspartner (Adresse, Tel., Fax)
9   besichtigter Standort der Firma (Ortsname)
10 Welches Format wurde produziert? (folgende Angaben gehören zu diesem Format)
11 Anzahl Glasierlinien
12 Herstellerfirma Glasierlinien
13 Typbezeichnung der Glasierlinien
14 Existieren Standby-Glasierlinien? (Anzahl?)
15 Nutzlänge der Glasierlinien in m
16 Aufbau der Glasierlinien? (gerade,...)
17 max. Applikationsmöglichkeiten (nach U.angabe)
18 besichtigte Applikationen bei produziertem Format
19 Herstellerfirmen der Applikationsaggregate (mit jeweiliger Typbezeichnung)
20 In welcher Weise findet Qualitätssicherung statt ?
21 Wie viele Fliesen durchlaufen in einer Minute die Glasierstraße ?
22 Fliesen: überglasierte Kanten ? (ja/nein/teilweise)
23 Anzahl der Trockner
24 Trocknerart
25 Herstellerfirma mit Typbezeichnung
26 Trocknerlänge bzw. -höhe in m
27 zusätzliche Erläuterungen

Tab. 6: *Glasierung*

SATZART BRENNBEREICH

1	Datensatz-Nr.
2	Datensatzart
3	Firmenname
4	Stichwort
5	Wann wurde die Firma besichtigt ?
6	Besuchszeit von: bis:
7	Teilnehmer von V&B (Adresse, Tel., Fax)
8	Gesprächspartner (Adresse, Tel., Fax)
9	besichtigter Standort der Firma (Ortsname)
10	Welches Format wurde produziert? (folgende Angaben gehören zu diesem Format)
11	Wie ist Transport von der Glasierung zum Ofen organisiert?
12	Länge des Transportweges
13	Besteht ein Pufferbahnhof vor den Öfen? wenn ja: Aussehen des Pufferbahnhofes
14	Wieviel m² Fliesen können zwischengelagert werden ?
15	Trockner vor Ofen ? Wenn ja, welcher Trockner ?
16	Herstellerfirma und Typbezeichnung des jeweiligen Ofen (1 Kanal, 2 Kanal) ? Brenntemperatur und Baujahr des Ofen
17	Durchlaufzeit im Ofen (durchschnittliche Laufzeit) in min
18	Wieviel Zeit vergeht nach dem Glasieren einer Fliese bis zum Brennen? in h
19	Wie werden die Fliesen gebrannt ?
20	Glattbrand-Puffergröße in m²
21	Wie wird der Ofen betrieben (Gas, Strome, Prozesswärme, etc.) Wieviel Energie verbraucht der Ofen ? (kcal/m², kWh/m²)
22	Herkunft der Energie (bei Gas: Heizwert des Gases (oberer oder unterer))
23	Gasverbrauch (Nm³/kg)
24	Ofenlänge in m
25	Ofenbreite in mm
26	Nutzbreite in mm (Fliesen je Format)
27	Abstand zwischen den Fliesen im Ofen in mm (Längs-/Seitenabstand)
28	Rollendaten: Maße und Hersteller ?
29	Werden Brennhilfsmittel im Ofen verwendet?
30	Wie sind die Fliesen beim Ofendurchlauf gelagert? (z.B. auf Keramikstäben)
31	Speichersystem: Fabrikat, System, wieviele Stunden ?
32	Lagerung von Biskuit und Puffergröße für Biskuit
33	Steuerung der Öfen
34	Anzahl Mitarbeiter Ofenbereich
35	In welcher Weise findet Qualitätssicherung statt ?
36	zusätzliche Erläuterungen

Tab. 7: *Brennbereich*

SATZART SORTIEREN	
1	Datensatz-Nr.
2	Datensatzart
3	Firmenname
4	Stichwort
5	Wann wurde die Firma besichtigt ?
6	Besuchszeit von: bis:
7	Teilnehmer von V&B (Adresse, Tel., Fax)
8	Gesprächspartner (Adresse, Tel., Fax)
9	besichtigter Standort der Firma (Ortsname)
10	Welches Format wurde produziert? (folgende Angaben gehören zu diesem Format)
11	Wie ist der Transport zwischen Ofen und Sortieranlagen organisiert?
12	Weglänge zwischen Ofen und Sortieranlagen ? in m
13	Erfolgt manuelle, maschinelle oder automatische Sortierung ?
14	Anzahl Arbeitstage/Woche und Schichten/Woche
15	Gesamtmitarbeiter Sortieren
16	Welche Sortieranlagen werden eingesetzt?
17	Anzahl der Sortieranlagen
18	Anzahl Stück/Minute und Format
19	Wieviele Sortierqualitäten gibt es ?
20	Erfolgt Linien- oder Flächensortierung ? Bei Liniensortierung: wieviele Bahnen ? Einseitige oder beidseitige Sortierung?
21	Wie erfolgt die Ausschußerkennung?
22	Ausschuß? in %
23	zusätzliche Erläuterungen

Tab. 8: *Sortieren*

SATZART VERPACKEN	
1	Datensatz-Nr.
2	Datensatzart
3	Firmenname
4	Stichwort
5	Wann wurde die Firma besichtigt ?
6	Besuchszeit von: bis:
7	Teilnehmer von V&B (Adresse, Tel., Fax)
8	Gesprächspartner (Adresse, Tel., Fax)
9	besichtigter Standort der Firma (Ortsname)
10	Welches Format wurde produziert? (folgende Angaben gehören zu diesem Format)
11	Gesamtmitarbeiter Verpacken
12	Schrumpfen ja/nein ?
13	Welche Folie wird verwendet (Einzelfolie, Endlosfolie) ?
14	Wie erfolgt die Schrumpfung der Folie um die Paletten?
15	wenn automatisch: Herstellername und Typbezeichnung der Anlage
16	Mitarbeiter Schrumpfen ?
17	Wie sieht die Verpackung aus? (Faltschachtel, wrap around etc.)
18	Wird automatisch verpackt? (ja/nein)
19	Welche Verpackungsanlage ist im Einsatz? (Herstellername, Typbezeichnung)
20	Wieviel m² werden pro Paket verpackt?
21	Wieviel Kartons werden pro Stunde verpackt ?
22	Welcher Palettierer wird eingesetzt ?
23	wenn ja: Herstellername und Typbezeichnung
24	Mitarbeiter Palettieranlage ?
25	Wie erfolgt Transport zum Lager ? Wie lang ist der Transportweg ?
26	zusätzliche Erläuterungen

Tab. 9: *Verpacken*

SATZART WEITERVERARBEITUNG (KLEBUNG)
1   Datensatz-Nr.
2   Datensatzart
3   Firmenname
4   Stichwort
5   Wann wurde die Firma besichtigt ?
6   Besuchszeit von: bis:
7   Teilnehmer von V&B (Adresse, Tel., Fax)
8   Gesprächspartner (Adresse, Tel., Fax)
9   besichtigter Standort der Firma (Ortsname)
10   Welches Format wurde geklebt? (folgende Angaben gehören zu diesem Format)
11   Gesamtmitarbeiter Kleben
12   Welches Papier wurde beim Kleben eingesetzt ?
13   Wie sieht das Papier aus ? (Lochpapier etc.)
14   Welcher Leim wurde beim Kleben eingesetzt ? (Heiß- oder Kaltleim, Kunststoffkleber (dot tile))
15   Wurde vorderseitig oder rückseitig verklebt ?
16   zusätzliche Erläuterungen

Tab. 10: *Weiterverarbeitung*

SATZART LAGERN
1   Datensatz-Nr.
2   Datensatzart
3   Firmenname
4   Stichwort
5   Wann wurde die Firma besichtigt ?
6   Besuchszeit von: bis:
7   Teilnehmer von V&B (Adresse, Tel., Fax)
8   Gesprächspartner (Adresse, Tel., Fax)
9   besichtigter Standort der Firma (Ortsname)
10   Gesamtmitarbeiter Lager
11   Anzahl Arbeitstage/Woche und Schichten/Woche
12   Zentrallager ?
13   Über welches Lagersystem verfügt das Unternehmen ?
14   Hallen- oder Freilager ? Hochregallager...etc. ?
15   Welches Lagersystem wird eingesetzt? Herstellername und Typbezeichnung
16   Bauweise der Lagerhalle ?
17   Kapazität, derzeitiger Lagerbestand, zusätzliche Freilager ?
18   Wird auf Lager produziert?
19   Wie erfolgt die Lagerübernahme ?
20   Wie lang ist der durchschnittliche Lageraufenthalt der Fliesen bis zum Abtransport? in Tagen
21   zusätzliche Erläuterungen

Tab. 11: *Lagern*

SATZART PERSONAL (Zusf.)
1 Datensatz-Nr.
2 Datensatzart
3 Firmenname
4 Stichwort
5 Wann wurde die Firma besichtigt ?
6 Besuchszeit von: bis:
7 Teilnehmer von V&B (Adresse, Tel., Fax)
8 Gesprächspartner (Adresse, Tel., Fax)
9 besichtigter Standort der Firma (Ortsname)
10 Schichtrythmus und Schichttypen
11 Gesamtpersonal
12 Pers. Aufbereitung
13 Pers. Formgebung
14 Pers. Biskuitöfen
15 Pers. Transport
16 Pers. Glasierung
17 Pers. Glattöfen
18 Pers. Sortierung
19 Pers. Verpackung
20 Pers. Klebung
21 Pers. Lager
22 Glasuraufbereitung
23 Instandhaltung
24 Labor
25 Betriebsl., Verw., Versand
26 Wie sehen die Tarifverträge aus (gewerbliche Mitarbeiter, Angestellte) ?
27 Wie hoch ist der Krankenstand ?
28 Werden konkrete Maßnahmen zur Verringerung des Krankenstands unternommen ?
29 Entlohnungssystem (Leistungs- Qualitätsprämien, Zeitlohn)
30 Personalkosten
31 Urlaubsregelung (Dauer, eventuell Betriebsurlaub)
32 zusätzliche Erläuterungen

Tab. 12: *Personal*

SATZART UMWELTFAKTOREN
1   Datensatz-Nr.
2   Datensatzart
3   Firmenname
4   Stichwort
5   Wann wurde die Firma besichtigt ?
6   Besuchszeit von: bis:
7   Teilnehmer von V&B (Adresse, Tel., Fax)
8   Gesprächspartner (Adresse, Tel., Fax)
9   Wird Material recycelt ? (ja,nein)
10 Was wird recycelt, in welchen Bereichen wird recycelt und wieviel wird recycelt ?
11 Umweltschutzbestimmungen allgemein
12 Gesetzliche Auflagen für Staub (Grenzwerte praktisch, offiziell, geplant)
13 Gesetzliche Auflagen für Wasser (Grenzwerte praktisch, offiziell, geplant)
14 Gesetzliche Auflagen für Fluor (Grenzwerte praktisch, offiziell, geplant)
15 Gesetzliche Auflagen für Lärm (Grenzwerte praktisch, offiziell, geplant)
16 Fluorabscheider installiert/ geplant
17 Besitzt das Unternehmen eine eigene Mülldeponie ?
18 Besitzt das Unternehmen eine eigene Kläranlage ?
19 Kosten für Klärschlammentsorgung
20 Kosten/Tonne Klärschlamm
21 Kosten für externe Deponie
22 Bruchmahlanlage für Fertigprodukte (Hersteller, Typ)
23 Bruchanteil im Masseversatz
24 Kosten für Bruchaufbereitung
25 Kraft-Wärme-Kopplung (Gasturbine, Leistung)
26 Verkauf von überschüssiger elektrischer Energie (Erlös)
27 Umweltmanagement (ISO 14000)
28 zusätzliche Erläuterungen

Tab. 13: *Umweltfaktoren*

SATZART SONSTIGE PROZESSDATEN
1 Datensatz-Nr.
2 Datensatzart
3 Firmenname
4 Stichwort
5 Wann wurde die Firma besichtigt ?
6 Besuchszeit von: bis:
7 Teilnehmer von V&B (Adresse, Tel., Fax)
8 Gesprächspartner (Adresse, Tel., Fax)
9 Qualitätsmanagement (ISO 9000, seit wann? geplant ?)
10 besichtigter Standort der Firma
11 Eigene Werkstätten ?
12 Externe Ressourcen für Instandhaltung (Nähe Maschinenlieferanten, spezialisierte Werkstätten)
13 Erfolgt interne Aufsicht (eigene Pförtner?)
14 Welche Sozialeinrichtungen existieren in dem Unternehmen ?
15 Wie ist die Fort- und Weiterbildung organisiert ?
16 Verfügt das Unternehmen über eine eigene EDV-Abteilung ?
17 Erfolgt die Transportabwicklung über eigene LKW oder eine externe Spedition ?
18 Besitzt das Unternehmen eine eigene Designerabteilung ?
19 zusätzliche Erläuterungen

Tab. 14: *Sonstige Prozessdaten*

SATZART WIRTSCHAFTLICHKEITSECKDATEN 1 (G.u.V. Ballarini)
1 Datensatz-Nr.
2 Datensatzart
3 Firmenname
4 Stichwort
5 Geschäftsjahr
6 Umsatz in Mio. Lire
7 Wert der erzeugten Leistungen
8 Personalkosten
9 Abschreibungen und Wertberichtigungen
10 Betriebsergebnis vor Steuern und Finanzierung
11 Ergebnis vor Steuern
12 Ergebnis nach Steuern
13 Konsolidiertes Ergebnis
14 Anzahl Mitarbeiter
15 Ergänzungen
16 zusätzliche Erläuterungen

Tab. 15: *Wirtschaftlichkeitseckdaten 1*

SATZART WIRTSCHAFTLICHKEITSECKDATEN 2 (Bilanz Ballarini)
1 Datensatz-Nr.
2 Datensatzart
3 Firmenname
4 Stichwort
5 Geschäftsjahr
6 Vermögensgegenstände
7 Vorräte
8 Forderungen insgesamt
9 Umlaufvermögen insgesamt
10 Aktiva insgesamt
11 Gesellschaftskapital
12 Reinvermögen
13 Kurzfristige Verbindlichkeiten aus Lieferungen und Leistungen
14 Mittel- und langfristige Verbindlichkeiten aus Lieferungen und Leistungen
15 Verbindlichkeiten insgesamt
16 Ergänzungen
17 zusätzliche Erläuterungen

Tab. 16: *Wirtschaftlichkeitseckdaten 2*

SATZART EXTERNE DATEN UND SONSTIGES (gleicher Aufbau)
1   Datensatz-Nr.
2   Datensatzart
3   Firmenname
4   Stichwort
5   Datum 1
6   Datum 2
7   Text 3
8   Text 4
9   Text 5
10   Text 6
11   Text 7
12   Text 8
13   Text 9
14   Text 10
15   Zahl 3
16   Zahl 4
17   Zahl 5
18   Zahl 6
19   Zahl 7
20   Zahl 8
21   Zahl 9
22   Zahl 10
23   Zahl 11
24   Zahl 12
25   zusätzliche Erläuterungen

Tab. 17: *Externe Daten und Sonstiges*

Desweiteren war es unser Ziel, die Datenbank für alle relevanten Benchmarking-Daten offen und kompatibel zu halten. Aus diesem Grund sind nur wenige Teile der Datenbank starr gestaltet worden. Größten Wert haben wir im Design auf eine möglichst lange Lebensdauer der Datenbank gelegt. Benchmarking ist ein kontinuierlicher Prozess. Nur bei regelmäßiger Durchführung können die Erfolgspotentiale des Benchmarking optimal genutzt werden. **Benchmarking muß institutionalisiert werden.**

3. DER AUFBAU DER BENCHMARKING-DATENBANK

Die Benchmarking-Datenbank ist vollkommen menugesteuert anwendbar. Aufgrund der Komplexität der Daten und aus Gründen der Anwenderfreundlichkeit haben wir auf einfache, aber zweckmäßige und sinnvolle Abfragen großen Wert gelegt. Folglich sind die Daten in nur einer Haupttabelle mit dem Namen **Benchdaten** abgelegt. Die Tabelle verfügt dabei über **45 Spalten und ist spaltenmäßig und datensatzmäßig beliebig erweiterbar**. Die zur Zeit 45 Spalten teilen sich auf **25 Textfelder, 15 Zahlenfelder, 2 Datenfelder und 3 OLE-Felder** (Object Linking and Embedding) auf.

Datensatz Nummer	Daten-satzart	Firmen-name	Stichwort	Text3 - Text25 ...	Datum1	Datum2	Zahl3 - Zahl15 ...
1	5	V&B	Formgebung	...	18.12.96	...	...

Tab. 18: *Struktur der Hauptdatentabelle „Benchdaten"*

Mit Hilfe dieser Struktur können wir eine große Zahl unterschiedlicher Dateninhalte erfassen und gleichartig verarbeiten. In diesem Zusammenhang haben wir den Begriff Datensatzart definiert. Eine Datensatzart besitzt zur Zeit folgender Restriktion: Eine Datensatzart darf zur Zeit höchstens aus 45 Spalten (mit exakter obiger Einteilung) bestehen. Ansonsten ist die inhaltliche Gestaltung der einzelnen Felder frei variierbar. Auch die Anzahl der Datensatzarten ist nach oben beliebig erweiterbar.

Nummer	Datensatzart
1	Stammdaten
2	Allgemeine Daten
3	Masseaufbereitung
4	Glasuraufbereitung
5	Formgebung
6	Glasierung
7	Brennbereich
8	Sortieren
9	Verpacken
10	Weiterverarbeitung
11	Lagern
12	Personal
13	Umweltfaktoren
14	Sonstige Prozessdaten
15	Wirtschaftlichkeitseckdaten 1 (GuV Ballarini)
16	Wirtschaftlichkeitseckdaten 2 (Bilanz Ballarini)
17	Externe Daten
18	Sonstiges

Tab. 19: *Datensatzarten*

4. Die Menüstruktur der Benchmarking-Datenbank

Die Benchmarking-Datenbank ist eine vollkommen menügesteuerte Datenbank unter Microsoft Access 2.0. In der Abb. 2 ist der Menübaum kurz dargestellt.

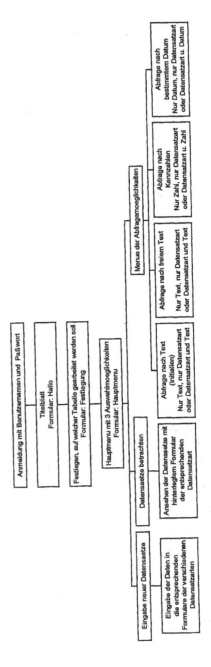

Abb. 2: *Die Menüstruktur der Benchmarking-Datenbank*

Starten der Benchmarking-Datenbank

Beim Aufruf der Benchmarking-Datenbank erscheint Abb. 3.
Der Benutzer wird nach seinem Namen und dem dazugehörigen Paßwort gefragt. Falscher
Benutzername und/oder falsches Paßwort führen unweigerlich zum Ausschluß. Bei zulässiger
Eingabe erscheint dann Abb. 4.

Abb. 3: *Formular: Anmeldung*

Diese Abbildung stellt das Titelblatt dar und bedarf keiner weiteren Erklärung. Nach dem
Drücken der Taste „Weiter" wird Abb. 5 sichtbar.

Formular: Hallo

VILLEROY & BOCH AG
UB-FLIESEN CONTROLLING

Herzlich Willkommen zur
Benchmarking-Datenbank !

VERSION 1.0

Beenden   Weiter

© by CONTROLLING FLIESEN / DF

Abb. 4: *Formular: Hallo*

In dem Formular Festlegung (vgl. Abb. 5) besteht die Möglichkeit, auf der Standardtabelle „Benchdaten" weiterzuarbeiten (die Standardtabelle „Benchdaten" wird beim Datenbankstart automatisch geladen) oder auf einer benutzerdefinierten Tabelle zu arbeiten.

Die Standardtabelle ist die Tabelle, in der alle "Benchmarking-Daten" gespeichert sind. Diese Tabelle wird ständig gepflegt. Die Standardtabelle besitzt den Namen "BENCHDATEN" (Sie ist in der Liste nicht eingetragen).

Die benutzerdefinierte Tabelle ist eine Tabelle, die Sie oder andere Anwender durch gezielte Abfragen selbst erstellt haben. Diese Tabellen besitzen die gleichen Strukturen wie die Standardtabelle. Auch der jeweilige Datensatz stimmt mit dem der Standardtabelle überein. Der Unterschied liegt darin, daß in diesen Tabellen nur ausgesuchte Datensätze (vom jeweiligen Anwender) enthalten sind. In der Liste sind die zur Zeit vorhandenen benutzerdefinierten Tabellen zu sehen.

Warum benutzerdefinierte Tabelle ?

Jeder Anwender besitzt die Möglichkeit, eine eigene Tabelle (benutzerdefinierte Tabelle) anzulegen. In diese Tabelle kann er dann Datensätze abspeichern, die er über bestimmte Abfragen gefunden hat. Dies ist deshalb vorteilhaft, weil man dadurch immer wieder auf seine „Abfragen" zurückgreifen kann. Auf dieser Tabelle können dann weitere Abfragen durchgeführt werden. Durch die Umstellung in dem Formular Festlegung kann auf der benutzerdefinierten Tabelle auf die gleiche Art und Weise gearbeitet werden wie auf der Standardtabelle. Darüberhinaus ist es mit Hilfe einer benutzerdefinierten Tabelle möglich, die anfangs unüberschaubare Datenmenge auf eine benutzerfreundliche Größe einzuengen.

Eine Liste mit den existierenden Tabellen ist zur Hilfe hinterlegt, auf die durch Auswahl zugegriffen werden kann (Die Tabelle Benchdaten ist dort nicht vorhanden).

Nach der Tabellenauswahl folgt das Hauptmenü.

Im Hauptmenü existieren 6 Möglichkeiten in der Anwendung fortzufahren: DB schließen, zurück Tabellenfestlegung, zurück Tabellenbezug, Abfrage starten, Datensätze ansehen, Neue Datensätze eingeben.

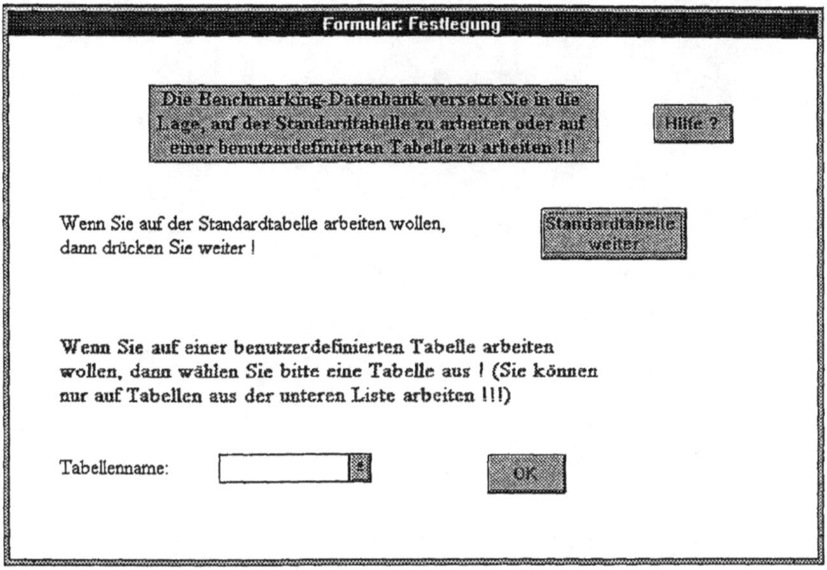

Abb. 5: *Formular: Festlegung*

DB schließen:

Bei dieser Option erscheint die Abb. 7.

Im Formular Alten_Zustand_herstellen wird der Bezug wieder auf die Standardtabelle Benchdaten hergestellt. Dies ist sehr wichtig, weil sonst bei einem Neustart die Daten verloren gehen. Hat man auf der Standardtabelle gearbeitet, so ist das grüne Feld leer und man kann die Datenbank über den Buttom **ENDE** verlassen. Ansonsten ist der Name der Tabelle auszuwählen, der in dem grünen Fenster angezeigt wird. Bei Bestätigung mit der Taste „Datenbank schließen" wird die Datenbank automatisch geschlossen.

WICHTIG: Niemals den Computer während der Datenbankanwendung ausschalten.

Die Datenbankanwendung darf nur über die vorgegebenen Menü der Datenbank geschlossen werden (z.B. ENDE, DB schließen). Sollte dabei trotzdem einmal ein Fehler unterlaufen (z.B. Stromausfall) so muß sofort der Administrator der Benchmarking-Datenbank benachrichtigt werden.

Zurück Tabellenfestlegung:

Beim Aufruf dieser Option gelangt man zu Abb. 5 (Erklärung siehe oben).

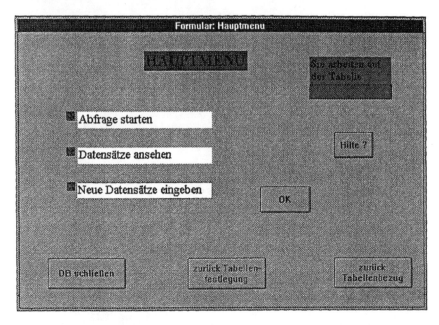

Abb. 6: *Formular: Hauptmenü*

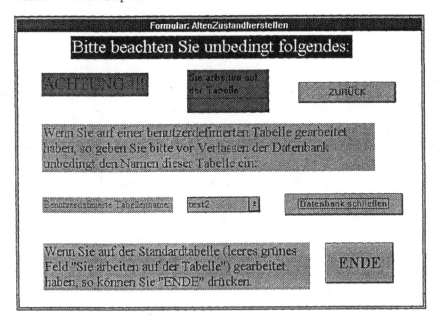

Abb. 7: *Formular: Alten Zustand herstellen*

Zurück Tabellenbezug:

Hier öffnet sich Formular Ändern zur Ursprungstabelle. In diesem Formular werden 2 Möglichkeiten angeboten:

- zum Hauptmenü zurück: Keine Änderungen werden vorgenommen

- Eingabe des Namens der benutzerdefinierten Tabelle (siehe grünes Kästchen):

Der Bezug wird wieder auf die Standardtabelle hergestellt. Die Eingabe des Tabellennamens der benutzerdefinierten Tabelle ist dazu unumgänglich. Danach öffnet sich das Hauptmenü und man kann wieder auf der Standardtabelle arbeiten.

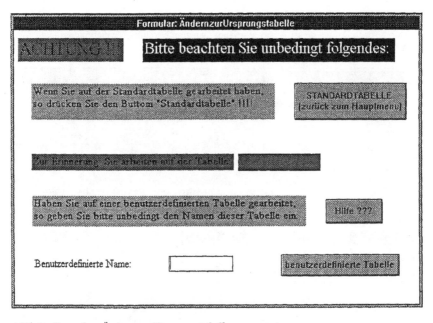

Abb. 8: *Formular: Ändern zur Ursprungstabelle*

Hauptmenüpunkt: **Abfrage starten**:

Nach dieser Auswahl gelangt man zum Formular Menüabfrage. Hier kann man unter 4
Abfragemöglichkeiten wählen:

- Abfrage nach Text (untersucht, ob der gesuchte Begriff mit dem Anfang des jeweiligen
  Feldes übereinstimmt)
- Abfrage nach freiem Text (untersucht, ob der zu suchende Text irgendwo in dem Textfeld
  vorkommt)
- Abfrage nach Kennzahlen
- Abfrage nach Datum .dieser Auswahl gelangt man zum Formular Menüabfrage.

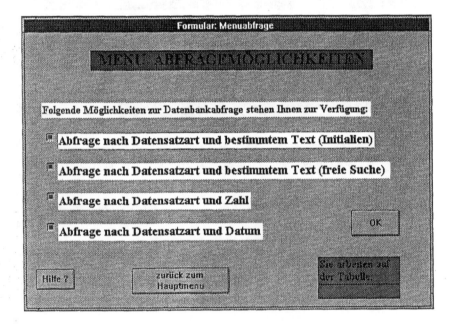

Abb. 9: *Formular: Menüabfrage*

Auf den folgenden Seiten sind die Suchformulare dargestellt.

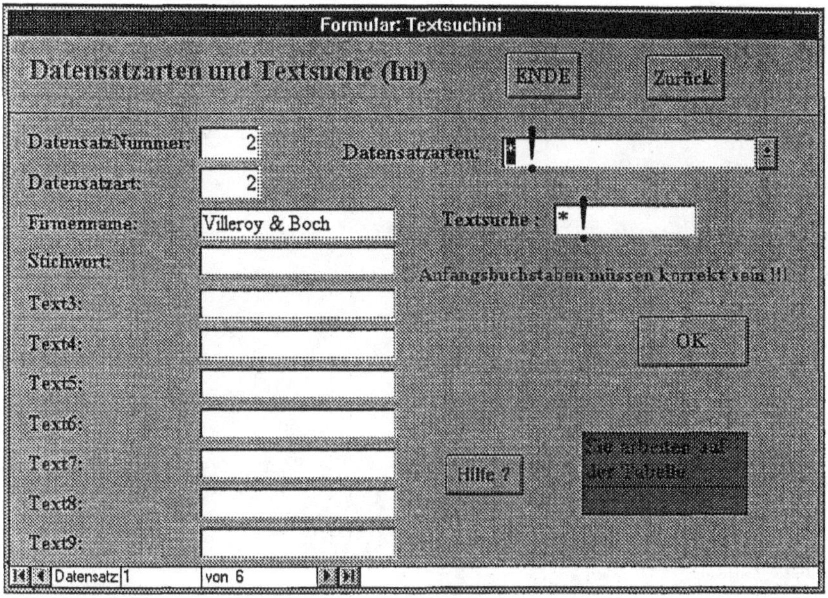

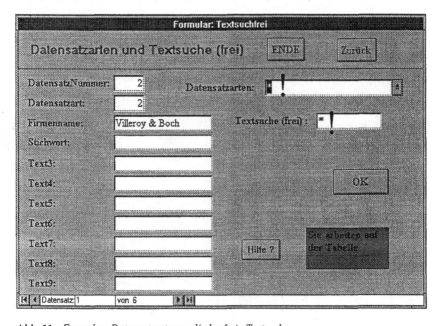

Abb. 10: *Formular: Datensatzarten und/oder Textsuche (Initialien)*

Abb. 11: *Formular: Datensatzarten und/oder freie Textsuche*

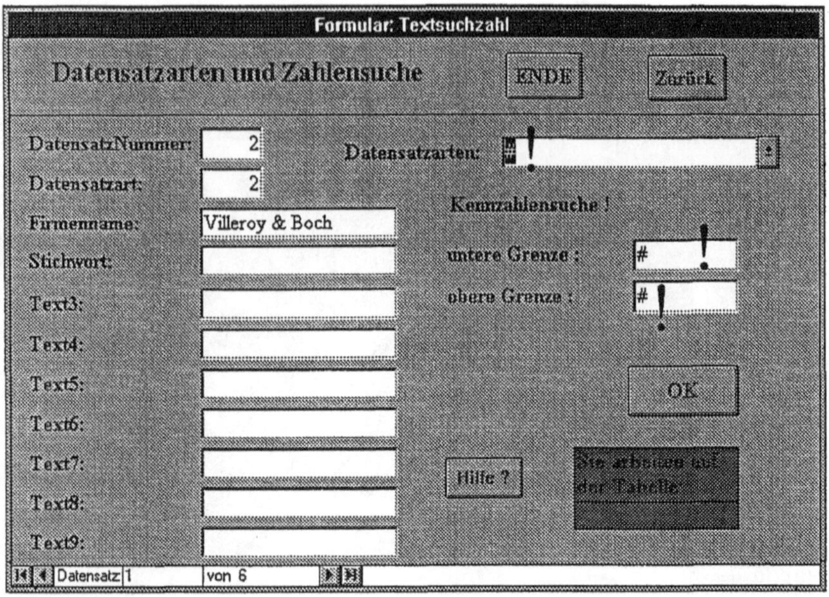

Abb. 12: *Datensatzarten und/oder Kennzahlensuche*

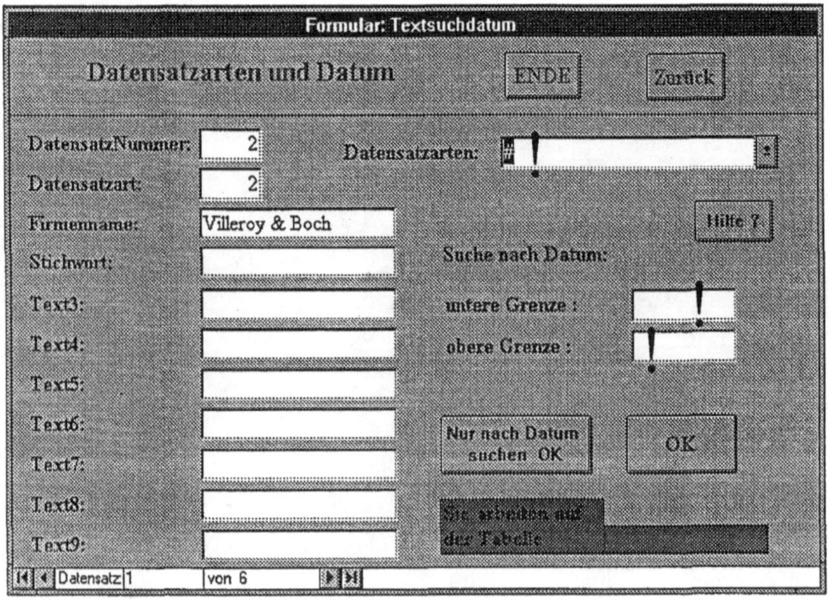

Abb. 13: *Datensatzarten und/oder Suche nach bestimmtem Datum*

Diese vier Abbildungen unterscheiden sich nur in geringem Maße voneinander. In die vordefinierten Felder (mit Ausrufezeichen versehen) können die zu suchenden Daten eingegeben oder ausgewählt (bei Datensatzarten) werden.

In allen vier Formularen besteht die Möglichkeit nur nach Satzart oder nur nach Text, Kennzahl oder Datum zu suchen. Aber auch die Kombination von Datensatzart und Text (Ini), Text (frei), Kennzahlen (untere und obere Grenze) und Datum (untere und obere Grenze) ist gegeben. Nach Eingabe der Suchbegriffe öffnen sich die jeweiligen Formulare für gefundene Daten, die sich im Aufbau fast nicht unterscheiden (lediglich die Namen sind verschieden). Werden keine Suchbegriffe eingegeben, so werden alle Datensätze in den o.a. Formularen aufgelistet. In Abb. 14 ist ein Formular zur Darstellung der gefundenen Daten für die Suche nach Datensatzarten und/oder Text (Initialien) stellvertretend für alle Möglichkeiten dargestellt.

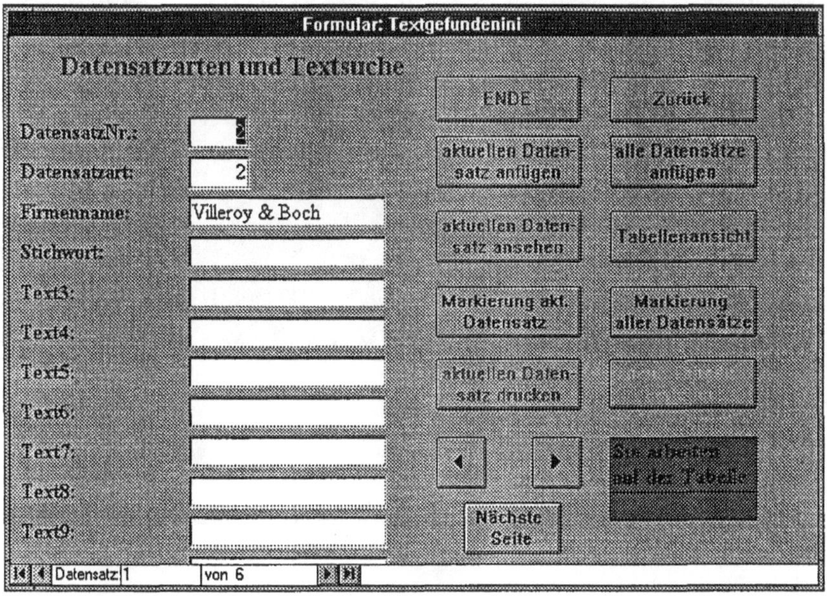

Abb. 14: *Formular für gefundenen Text*

In dem jeweiligen Formular kann man den aktuellen Datensatz oder alle Datensätze in eine benutzerdefinierte Tabelle anfügen, den aktuellen Datensatz ansehen, alle Datensätze in

Tabellenansicht ansehen, den aktuellen Datensatz oder alle Datensätze in die Zwischenablage kopieren, aktuellen Datensatz drucken oder eine neue benutzerdefinierte Tabelle erstellen.

aktuellen Datensatz oder alle Datensätze anfügen:

In dem darauffolgenden Formular wird man nach dem Namen der Tabelle gefragt, in die der oder die Datensätze abgespeichert werden sollen. Das Formular besitzt folgendes Aussehen.

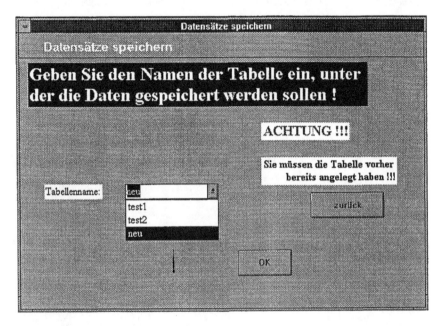

Abb. 15: *Formular: Datensätze speichern*

Aktuellen Datensatz ansehen:

Der Datensatz wird entsprechend der Datensatzart in einem vorgegebenen Formular angezeigt.

Hauptmenüpunkt **Datensätze ansehen**

Durch Auslösung dieser Option gelangt man zu dem Formular AnsehenInformation. Dieses Formular besitzt nur informellen Charakter.

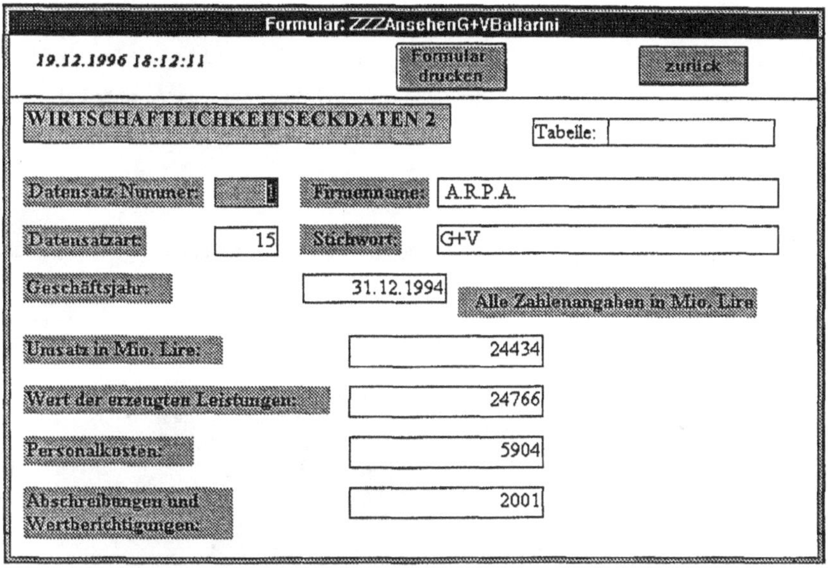

Formular: ZZZAnsehenG+VBallarini

19.12.1996 18:12:11

Formular drucken

zurück

WIRTSCHAFTLICHKEITSECKDATEN 2

Tabelle:

Datensatz Nummer: 1

Firmenname: A.R.P.A.

Datensatzart: 15

Stichwort: G+V

Geschäftsjahr: 31.12.1994

Alle Zahlenangaben in Mio. Lire

Umsatz in Mio. Lire: 24434

Wert der erzeugten Leistungen: 24766

Personalkosten: 5904

Abschreibungen und Wertberichtigungen: 2001

Abb. 16: *Formular: Aktuellen Datensatz ansehen*

Tabellenansicht:

Die Datensätze werden in einer Tabelle untereinander abgebildet.

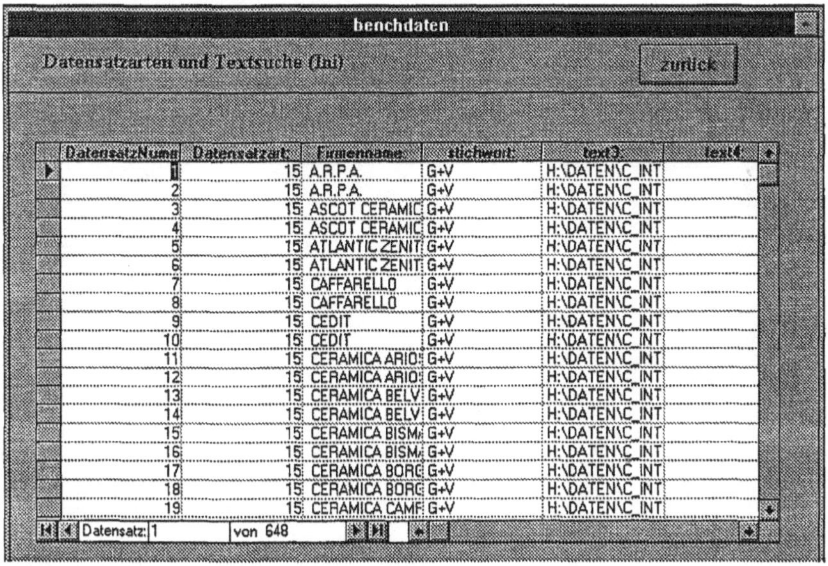

benchdaten

Datensatzarten und Textsuche (Ini)

zurück

DatensatzNumm	Datensatzart	Firmenname	stichwort	text3	text4
1	15	A.R.P.A.	G+V	H:\DATEN\C_INT	
2	15	A.R.P.A.	G+V	H:\DATEN\C_INT	
3	15	ASCOT CERAMIC	G+V	H:\DATEN\C_INT	
4	15	ASCOT CERAMIC	G+V	H:\DATEN\C_INT	
5	15	ATLANTIC ZENIT	G+V	H:\DATEN\C_INT	
6	15	ATLANTIC ZENIT	G+V	H:\DATEN\C_INT	
7	15	CAFFARELLO	G+V	H:\DATEN\C_INT	
8	15	CAFFARELLO	G+V	H:\DATEN\C_INT	
9	15	CEDIT	G+V	H:\DATEN\C_INT	
10	15	CEDIT	G+V	H:\DATEN\C_INT	
11	15	CERAMICA ARIO	G+V	H:\DATEN\C_INT	
12	15	CERAMICA ARIO	G+V	H:\DATEN\C_INT	
13	15	CERAMICA BELV	G+V	H:\DATEN\C_INT	
14	15	CERAMICA BELV	G+V	H:\DATEN\C_INT	
15	15	CERAMICA BISM	G+V	H:\DATEN\C_INT	
16	15	CERAMICA BISM	G+V	H:\DATEN\C_INT	
17	15	CERAMICA BORG	G+V	H:\DATEN\C_INT	
18	15	CERAMICA BORG	G+V	H:\DATEN\C_INT	
19	15	CERAMICA CAMF	G+V	H:\DATEN\C_INT	

Datensatz: 1 von 648

Abb. 17: *Formular: Tabellenansicht*

Markierung aktueller Datensatz oder alle Datensätze:

Der aktuelle Datensatz oder alle Datensätze werden markiert und in die Zwischenablage kopiert. Aus der Zwischenablage können sie in anderen Office-Umgebungen eingefügt werden (Tastenkobination: Strg + V).

aktueller Datensatz drucken:

Der aktuelle Datensatz wird entsprechend der jeweiligen Satzart aufbereitet und gedruckt (Siehe Abb. 16).

Neue Tabelle erstellen:

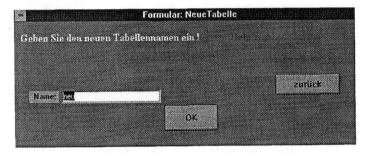

Abb. 18: *Formular: Neue Tabelle*

Bei Eingabe eines Tabellennamens wird eine neue Tabelle mit der gleichen Strukur wie die Standardtabelle angelegt.

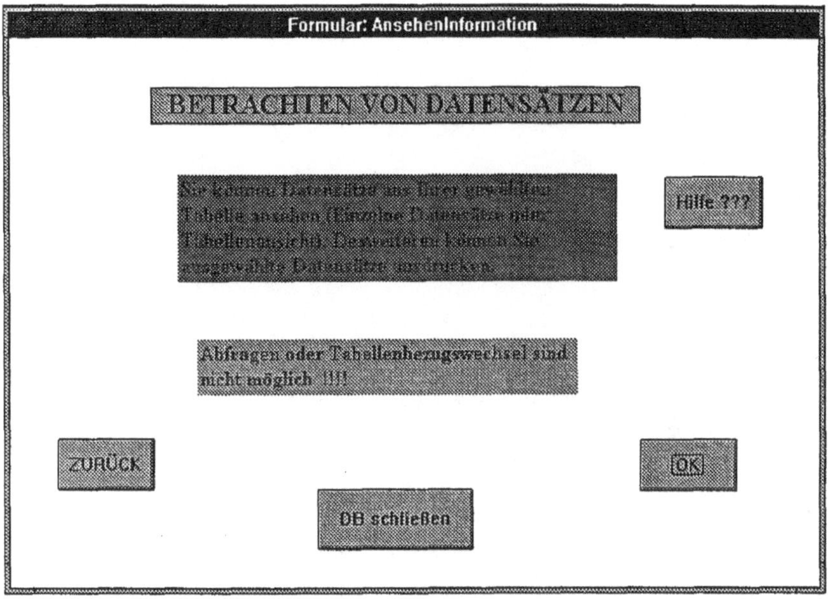

Abb. 19: *Formular: Betrachten von Datensätzen*

Bei OK öffnet sich Abb. 20.

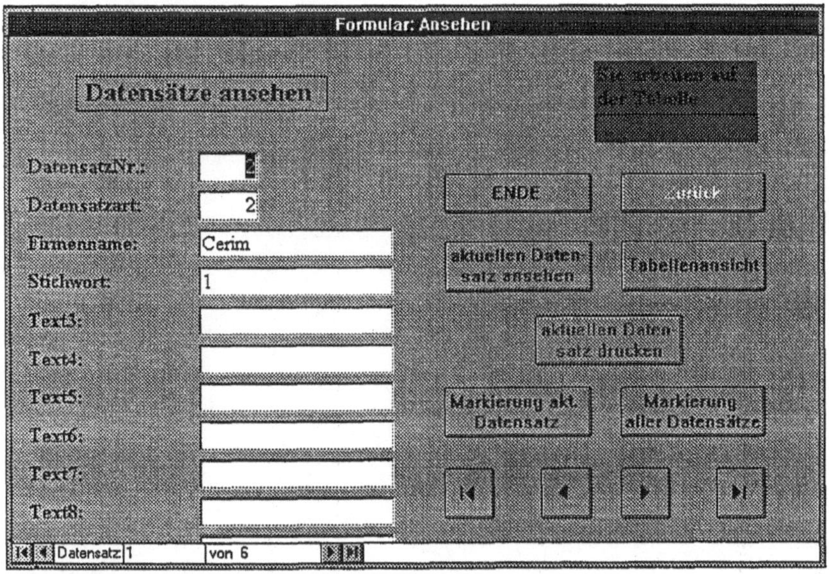

Abb. 20: *Formular : Datensätze ansehen*

Hier sind die gleichen Funktionen wie in Abb. 14 mit den Befehlsschaltflächen verbunden.

Hauptmenüpunkt **Neue Datensätze eingeben**

Mit diesem Menüpunkt öffnet sich das Formular Eingabeauswahl. Durch Auswahl der zu erfassenden Datensatzart kommt das aufbereitete Erfassungsformular zum Vorschein (vgl. Abb. 16).

Neue Datensätze dürfen nur in der Standardtabelle erfasst werden.

ANHANG E: Die Objekte der Benchmarking-Datenbank

Anhang E: Die Objekte der Benchmarking-Datenbank

Die Benchmarking-Datenbank, Version 1.0 ist vollkommen menügesteuert. Sie besteht dabei aus den Objekten Tabelle, Abfrage, Formular, Makro und Modul.

Eine Tabelle ist das grundlegende Element einer relationalen Datenbank. Sie dient dazu, gleichartige Datensätze aufzunehmen. Ein Datensatz entspricht dabei einer Zeile. Die BM-Datenbank umfaßt 15 Tabellen. Dabei dienen vier Tabellen der Speicherung der Daten und 11 Tabellen zur Zwischenspeicherung von Werten.

Eine Abfrage ist eine Frage an die Datenbank. Dabei unterscheidet Access zwischen Auswahl- und Aktionsabfragen. Eine Auswahlabfrage dient dazu, bestimmte Informationen aus der Datenbank herauszuholen. Aktionsabfragen bewirken eine Aktion auf Daten. In der BM-Datenbank sind 13 Auswahlabfragen enthalten. Diese Abfragen, gesteuert über Makros, durchsuchen die Datenbank nach Text, freiem Text, Datum und Kennzahlen. Die Abfragen sind dabei nicht starr programmiert. Über Übergabemakros erfolgt die Wertübergabe, so daß nach einem beliebig eingegebenen Wert etc. gesucht werden kann.

Formulare sind dazu da, Datensätze aus Tabellen der Datenbank auf dem Bildschirm anzuzeigen, um dem Anwender ein komfortables Arbeiten zu ermöglichen. Obwohl die Formulare auch ausgedruckt und zu Papier gebracht werden können, dienen sie hauptsächlich der Bildschirmarbeit. Durch ihre Steuerelemente wie Umschaltflächen, Optionsfelder, Kontrollkästchen und Befehlsschaltflächen sind sie auf ein interaktives Arbeiten ausgelegt und ermöglichen durch Mausklick auf die entsprechenden Elemente schnellstes Arbeiten und Auswählen. Die Benchmarking-Datenbank besteht aus 127 Formularen. Darunter sind 18 Eingabeformulare zur komfortablen Datenerfassung, 18 Formulare zur detaillierten Darstellung der Datensätze, 11 Zwischenspeicherformulare, die auf die Zwischenspeichertabellen zugreifen, 40 Formulare zur Anzeige der Abfragen, 10 Formulare mit Hilfetexten und 30 Formulare, die der Menüsteuerung dienen.

Makros sind automatisierte Abläufe. In einem Makro können eine Reihe von Arbeitschritten zusammengefaßt werden, die die Arbeit beschleunigen. Ein Makro kann entweder direkt aus dem Datenbankfenster aufgerufen werden oder mittelbar aus einem Formular, einem Bericht oder auch aus Access Basic-Code. Die BM-Datenbank umfaßt 63

Makros. Davon steuern 13 Makros die Abfragen an und 5 Makros sind für den Start und das Ende der Anwendung notwendig. Der Benutzerfreundlichkeit dienen 40 Makros. Durch sie kann z.B. von einem Formular zum anderen gesprungen werden. Für das Ausdrucken von Formularen sind 5 Makros zuständig.

Des weiteren wird die Eingabe von Namen und Passwort und die damit verbundene Gültigkeitsabfrage über ein Modul gesteuert. Ein Modul ist eine Abfolge von Prozeduren und Funktionen.

ERKLÄRUNG

Ich versichere, daß ich diese Arbeit selbständig angefertigt, keine anderen als die angegebenen Hilfsmittel benutzt und alle wörtlichen oder sinngemäßen Entlehnungen deutlich als solche gekennzeichnet habe.

Mettlach, 31.12. 1996

Dirk Fröhlich

***Diplomarbeiten* Agentur**

Die Diplomarbeiten Agentur vermarktet seit 1996 erfolgreich
Wirtschaftsstudien, Diplomarbeiten, Magisterarbeiten, Dissertationen
und andere Studienabschlußarbeiten aller Fachbereiche und Hochschulen.

Seriosität, Professionalität und Exklusivität prägen unsere Leistungen:

- Kostenlose Aufnahme der Arbeiten in unser Lieferprogramm
- Faire Beteiligung an den Verkaufserlösen
- Autorinnen und Autoren können den Verkaufspreis selber festlegen
- Effizientes Marketing über viele Distributionskanäle
- Präsenz im Internet unter **http://www.diplom.de**
- Umfangreiches Angebot von mehreren tausend Arbeiten
- Großer Bekanntheitsgrad durch Fernsehen, Hörfunk und Printmedien

Setzen Sie sich mit uns in Verbindung:

***Diplomarbeiten* Agentur**
Dipl. Kfm. Dipl. Hdl. Björn Bedey —
Dipl. Wi.-Ing. Martin Haschke ——
und Guido Meyer GbR ——

Hermannstal 119 k ——
22119 Hamburg ——

Fon: 040 / 655 99 20 ——
Fax: 040 / 655 99 222 ——

agentur@diplom.de ——
www.diplom.de ——